Nico Hartung

Rap-Pädagogik

Praxisbuch zur Anleitung von Rap-Workshops

Klett | Kallmeyer

Bibliografische Information der Deutschen Nationalbibliothek
Die Deutsche Nationalbibliothek verzeichnet diese Publikation in der Deutschen Nationalbibliografie; detaillierte bibliografische Daten sind im Internet über http://dnb.d-nb.de abrufbar.

Impressum

Nico Hartung
Rap-Pädagogik
Praxisbuch zur Anleitung von Rap-Workshops

1. Auflage 2019

Redaktion: Sebastian Thede, München
Realisation: SchwabScantechnik, Göttingen
Fotos: Nino Mocco
Druck: Beltz Grafische Betriebe GmbH, Bad Langensalza
Printed in Germany

ISBN: 978-3-7727-1336-1

Nico Hartung

Rap-Pädagogik

Praxisbuch zur Anleitung von Rap-Workshops

Klett | Kallmeyer

Vorwort **6**

Startschuss Workshoparbeit 6

Warum Rap-Pädagogik? 8

Teil I: Wie alles begann: Anfänge des Rap **11**

1 Geburt des Hip-Hop 12

2 Die vier Grunddisziplinen des Hip-Hop 14

2.1 DJ 14

2.2 Breakdance 16

2.3 Rap 17

2.4 Graffiti 18

Exkurs: Kleidungsstil 19

3 Rap in Deutschland 20

4 Was ist Rap? 24

4.1 Rap in der Literatur 24

4.2 Rap als Sprechgesang? 25

4.3 Rap bei den Rappern 27

4.4 Das ist Rap 29

5 Warum Rap in der Pädagogik? 30

5.1 Passt Rap in die Pädagogik? 31

5.2 Darum Rap in der Pädagogik 40

Teil II: Rap-Workshops **43**

Übung 1: Was wissen die Kinder und Jugendlichen über Rap? 45

Übung 2: Die Hip-Hop-History 47

Übung 3: Der Beat 53

Übung 4: Die Reime 58

4.1 Reine und unreine Reime 59

4.2 Mehrsilbige Reimworte 61

Übung 5: Verbindung von Reim und Rhythmik 66

Übung 6: Die Zeile, die line, die bars 69

6.1 Betonungen 70

6.2 Pausen 74

6.3 Mehr Wörter, mehr *flow* 77
Übung 7: Verbindung von Text und Beat 81
Übung 8: Die erste Schreibübung 84
Übung 9: Textarbeit mit bekannten Rap-Texten 88
9.1 Fragen zum Text 90
9.2 Reime 92
9.3 Betonungen 93
9.4 Inhalt und Ziele 94
9.5 Bilder und Vergleiche 99
Übung 10: Themenwahl 103
Übung 11: Beatauswahl 106
Übung 12: Songstruktur 109
Übung 13: Vorüberlegungen zum eigenen Songschreiben 113
13.1 Einzel- oder Gruppenarbeit 113
13.2 Welche Art von Songtext? 116
Übung 14: Vieles Kleines ergibt einen Song 121
Übung 15: Üben, üben, üben 129
Übung 16: Die Aufnahme 132
Übung 17: Feedbackrunde 135

Teil III: Herausforderung Rap-Workshop 137
1 Wo Rap draufsteht, ist nicht immer Rap drin 139
2 Die Pädagogisierung von Rap 142
3 Wie pädagogisch kann ein Rapper agieren? 148
4 Die Mischung aus Rap und Pädagogik 153
4.1 Handwerkszeug des Rappers 153
4.2 Selbstreflektion 155
4.3 Pädagogischer Ansatz 155
4.4 Didaktik 157

Schlusswort 158
Literaturverzeichnis 160

Vorwort

Startschuss Workshoparbeit

Als ich damit anfing, Rap-Workshops durchzuführen, hatte ich den Gedanken, die positiven Erfahrungen, die ich mit dem Texten und Rappen erleben durfte, an andere Jugendliche weiterzugeben. Da ich mich mitten im Studium der Sozialen Arbeit befand, kam mir darüber hinaus die Idee, dass sich eventuell einige Ideen aus dem Studiengang mit der Workshoparbeit verbinden ließen, und so dachte ich auch daran, dass ich mit einigen Jugendlichen gesellschaftlich relevante Themen diskutieren könnte. Obwohl ich mich durch die Soziale Arbeit inspirieren ließ, verstand ich diese Arbeit nicht als Sozialarbeit, sondern vielmehr als eine moderne Form der Kommunikation.

Ich stellte mich also in einer Jugendfreizeiteinrichtung vor, und mir wurde die Chance gegeben, einen dreimonatigen, einmal wöchentlich stattfindenden, Rap-Workshop durchzuführen. Ich arbeitete als Honorarkraft. Gemeinsam mit Kindern und Jugendlichen aus dem offenen Bereich hörte ich Beats aus einem CD-Player und wir rappten dazu. Wir diskutierten Themen wie das Älterwerden oder Fragen zu Kriminalität und Gewalt und versuchten Textzeilen aus den daraus entstandenen Ideen zu kreieren, rappten diese erneut und halfen uns gegenseitig bei der Verbesserung unserer lines. Das Angebot wurde allerdings von einer eher hedonistischen Einstellung und Unverbindlichkeit seitens der Teilnehmer*innen unterlaufen. An manchen Terminen kamen einige der Kinder und Jugendlichen nicht, waren allerdings dann da, wenn andere fehlten. Zu dieser Zeit hörte ich das erste Mal, dass dieses unregelmäßige Erscheinen im offenen Bereich üblich sei. Mich störte dieses unstete Erscheinen, und diese Umstände zu akzeptieren, fiel mir schwer.

Trotz des Frustes über die unregelmäßige Anwesenheit nahm der Workshop mehr und mehr Form an. Wir einigten uns auf das Thema Gewalt und arbeiteten für jede*n Teilnehmer*in einige Zeilen aus. Diese probten wir so lange, bis jede*r ihre bzw. seine Zeilen bestmöglich rappen konnte und schließlich ein ganzer Song entstand. Zum Ende des Workshops, also nach drei Monaten Arbeit, fuhren wir dann in ein Tonstudio, um den Song zu „recorden" – ihn aufzunehmen. Der Workshop endete damit, dass jede*r Teilnehmer*in eine CD mit dem fertigen Song erhielt.

Die Jugendlichen waren begeistert, und auch ich hatte viel Spaß in dieser Zeit, doch der Umstand des unregelmäßigen Erscheinens wirkte lange nach. Gerade in der Phase, in der wir als Gruppe die Texte probten, wurde der Ausfall einiger Jugendlicher zum Problem für die ganze Gruppe – insbesondere auch in der Vorbereitung auf Live-Events.

Während meines ersten Praktikums im Sozialbereich, noch während meines Studiums, war ich erneut in einer Jugendeinrichtung tätig. In dieser Zeit wurde mir ein kleines Budget zur Verfügung gestellt, und gemeinsam mit meinem eigenen Equipment etablierte ich ein kleines Tonstudio und betreute dieses auch am Wochenende. Das Studio war sehr einfach eingerichtet: ein Rechner, ein Mikrofon, Boxen, ein Midi-Keyboard und die entsprechende Software. Die Idee dazu kam aus meiner eigenen Erfahrung mit Rap. Als Schüler an einer musikbetonten Grundschule und Sänger im Konzertchor Berlin hatte ich mit klassischer Musik bereits praktischen Umgang gehabt, doch ich fühlte meine Persönlichkeit und Vorlieben darin nur selten gänzlich widergespiegelt. Als ich die ersten Rap-Songs hörte, spürte ich die Ehrlichkeit der Musik. Die Themen sprachen mich sofort an, und die Attitüde, diese ungefilterte Emotion, trafen mein Ohr und Interesse sofort. Ich begann, Texte nachzurappen und schließlich eigene zu schreiben, und die Vielfältigkeit des Spracheinsatzes, gepaart mit anderen musikalischen Elementen, entwickelten mein Interesse an Rap. Diese Erfahrung wollte ich teilen und gleichzeitig Kindern und Jugendlichen etwas ermöglichen, wovon ich in ihrem Alter geträumt hatte: ein eigenes kleines Studio.

Es dauerte nicht lange, bis es sich herumsprach, dass man in diesem Studio kostenlos aufnehmen könne. Innerhalb eines halben Jahres stieg die Anzahl der Jugendlichen deutlich, die zu mir kamen, und plötzlich musste ich Studiozeiten vergeben, um möglichst allen gerecht zu werden.

Die Jugendlichen kamen aus ganz Berlin, um eine Stunde in dem Studio ihre zuvor geschriebenen Zeilen aufzunehmen. Einige kamen sogar, ohne dass sie einen Termin hatten, in der Hoffnung, einspringen zu können, wenn jemand ausfiel. Nun konnte ich das Nichterscheinen sanktionieren. Wer seinen Studiotermin ohne Absage ausfallen ließ, wurde auf eine bestimmte Zeit gesperrt. Diese Maßnahme wirkte Wunder. Es fielen kaum noch Termine aus, und das Jugendhaus war auch am Wochenende immer gut besucht. Dass diese Sanktion so gut funktionierte, offenbarte mir eines ganz besonders: Die Jugendlichen empfanden die Möglichkeit, aufnehmen zu können, als wichtig!

Im Laufe der Zeit kam mir die Idee, dieses Angebot nach außen zu verlagern und in Schulen und weiteren Einrichtungen Workshops anzubieten. Ich dachte, dass so noch mehr Jugendliche davon profitieren könnten. Rap-Workshops waren zu diesem Zeitpunkt, im Jahre 2006, sehr exklusiv. Neben dem von mir entwickelten Tuned-Jugendprojekt gab es in Berlin noch das HipHop-Mobil, SollizHood und Outreach. Alle Projekte hatten das Potenzial von Rap und Pädagogik erkannt, jedoch sehr unterschiedlich umgesetzt. Das HipHop-Mobil wollte den Jugendlichen die Hip-Hop-Kultur näherbringen und zeigte den Jugendlichen Rap, DJing, Graffiti und Breakdance; Solliz-

Hood warb mit Untergrund-Gangsta-Rappern von Shok Muzik, die Jugendliche durch ihre Bekanntheit binden sollten, und Outreach versuchte, einen deutsch-amerikanischen Austausch herzustellen.

Mein Ansatz war es, den Jugendlichen thematisch näherzukommen und das Medium Rap sozialpädagogisch-sprachlich einzusetzen, um Themen zu reflektieren. Dabei entstanden Texte, die schließlich aufgenommen wurden, und jede*r bekam eine eigene CD mit dem fertigen Song. Aus dem anfänglichen Kommunikationsversuch wurde ein sozialpädagogisch-didaktisches Konzept, das sich auf alle möglichen Bildungseinrichtungen übertragen lässt. Ich führe diese Workshops seit mittlerweile mehr als zehn Jahren durch.

Inzwischen habe ich mit Kita-Kindern, Grundschulkindern, Oberstufen aller Art, Erzieher*innen und sonstigen Pädagog*innen Rap-Workshops veranstaltet, Vorträge zu Rap und Pädagogik gehalten und stoße weiterhin auf wachsendes Interesse.

Dies ist einer der Gründe der Motivation für dieses Buch. Es soll Fachkräften im pädagogischen Bereich helfen, Rap als Kunstform zu verstehen, das Potenzial für die pädagogische Arbeit zu erkennen und dieses gewinnbringend für Kinder und Jugendliche und somit für die eigene pädagogische Arbeit einzusetzen.

Warum Rap-Pädagogik?

Rap ist in Deutschland keine Randerscheinung mehr, die belächelt oder über die hinweg geschaut werden kann. Ganz im Gegenteil. Rap wird inzwischen auch im Feuilleton anerkannt, stellt einen der wichtigsten Faktoren in der Musikindustrie dar und ist aus der Alltagskultur kaum noch wegzudenken. Rap-Gruppen geben Konzerte für Kita- und Grundschulkinder, Oberschüler laufen rappend durch die Gänge der Schule, auf den Straßen tönen über kleine Bluetooth-Boxen Rap-Songs, und aus fahrenden Autos pumpen tiefe Bässe und harte Stimmen. Rap ist die Musikrichtung der Kinder und Jugendlichen, und die Pädagogik steht vor der Frage, wie sie dieses Interesse produktiv einsetzen kann.

Dieses Buch soll Ihnen die Möglichkeit geben, Rap in pädagogischen Prozessen einzusetzen und die Kinder und Jugendlichen kreativ zu begeistern. Dieses Buch bietet eine umfassende Erarbeitung der Rap-Pädagogik in theoretischer und praktischer Form.

Insgesamt gibt es drei Teile in diesem Buch, die unabhängig voneinander gelesen und verstanden werden können, aber gleichsam aufeinander aufbauend konzipiert wurden.

Teil I beschäftigt sich mit der Frage, wie Rap entstanden ist, und nimmt Bezug auf die Entstehungsgeschichte in Amerika und Deutschland. Gleichzeitig wird der Wert von der Rap-Pädagogik hinterfragt und beleuchtet. Dieser Teil enthält keine Handlungsvorschläge oder didaktischen Hinweise zur Umsetzung in der praktischen Arbeit, er verfolgt dennoch das Ziel, die pädagogische Fachkraft mit historischen Inhalten auf die praktische Arbeit vorzubereiten. Somit bildet Teil I einen eigenständigen Bereich, der gleichsam als Fundament für Teil II verstanden werden darf.

In Teil II finden Sie eine praktische Anleitung für die Umsetzung eines Rap-Workshops. Alle Kapitel des zweiten Teils greifen ineinander. Gleichzeitig bietet es sich auch an, nur einzelne didaktische Empfehlungen in der eigenen Arbeit umzusetzen. In diesem Teil soll der*die Leser*in funktionale Methoden vermittelt bekommen, die in der Arbeit mit Kindern und Jugendlichen sowohl auf Umsetzbarkeit als auch auf Funktionalität geprüft wurden. Teil II meines Buches zeigt die praktische Arbeit der Rap-Pädagogik auf und leitet zur eigenständigen Umsetzung an. Enthalten sind auch zahlreiche Textbeispiele von Teilnehmer*innen meiner Workshops. Zur Erhaltung der Authentizität wurden diese nicht redigiert oder korrigiert.

Ich möchte betonen, dass Teil II meines Buches im Wesentlichen als Anregung und Möglichkeit der Umsetzung verstanden werden soll. Alle Methoden sind erweiterbar und veränderbar. Gleichzeitig hegt diese Darstellung keinesfalls den Anspruch, vollständig zu sein. Die hier vorliegenden Methoden dienen als Inspirationspool für die Arbeit mit Rap.

Teil III meines Buches versucht, eine Übersicht zu entwerfen, die ein*e Anleiter*in eines Rap-Workshops mitbringen sollte. Dabei wird auch die Frage diskutiert, ob tatsächlich jede*r Pädagog*in rappen und ob jede*r Rapper*in pädagogisch eingesetzt werden kann. Rap versteht sich als Kunstform und will als diese wahr- und ernstgenommen werden. In diesem Teil werden die Möglichkeiten und Grenzen der Rap-Pädagogik in Hinblick auf die personelle Umsetzung diskutiert.

Für mein gesamtes Buch sollen zwei Dinge als Prämisse über allen hier dargestellten Ansätzen stehen:

1. Rap ist eine Kunstform und Rapper sind Künstler.
2. Pädagogik will die Kinder und Jugendlichen zum Fokus der Arbeit machen und nicht sich selbst.

Mit diesem Selbstverständnis ist dieses Buch geschrieben, in der Hoffnung, Ihrer Arbeit mit Kindern und Jugendlichen über die Kultur des Hip-Hop und die Sprache des Rap eine begeisternde Anregung zu geben!

Berlin, im Januar 2019
Nico Hartung

1

Wie alles begann: Anfänge des Rap

1 Geburt des Hip-Hop

Hip-Hop hat keinen Entstehungstag oder ein Ursprungsereignis, das den Startschuss einer geschichtlichen Entwicklung markiert. Dennoch sind die Anfänge des Hip-Hops gut dokumentiert. Das liegt vor allem daran, dass die Kulturentwicklung noch recht jung ist und die meisten der damaligen Protagonist*innen auch heute noch befragt werden können. In der Regel wird die Entstehungszeit auf den Anfang bzw. Mitte der 1970er-Jahre datiert. Hip-Hop entstand in der South Bronx, einem ärmlichen Stadtteil von New York. Inmitten von politischen und sozialen Unruhen wurde eine Kulturform geboren, die vielen der damaligen Jugendlichen das Gefühl einer Zusammengehörigkeit, einer Sprache und Identität gab.

Als Folge einer weltweiten De-Industrialisierung im Zuge weltweiten ökonomischen Wettbewerbs, technologischer Innovationen, wachsender Bedeutung globaler Telekommunikationssysteme, zunehmender Relevanz internationaler Finanzströme für Ökonomie und neuer Wellen von Arbeits- und Flüchtlingsmigration (vgl. Klein & Friedrich 2003, S. 56) verarmen ganze Stadtviertel in den USA rapide.

1960 lebten „1.141.322 Afroamerikaner [...] in den Ghettos von New York – mehr Schwarze als in irgendeiner Stadt Afrikas" (Kage 2002, S. 30). Hinzu kam, dass 40,6 Prozent aller Nichtweißen unter der Armutsgrenze lebten und 61 Prozent der „Ghettobewohner" jünger als 21 Jahre waren (vgl. ebd.).

1959 wurde der amerikanische Städteplaner Robert Moses damit beauftragt, ein Großprojekt in New York zu realisieren: den sogenannten Cross-Bronx-Expressway. Inzwischen haben sich in den Großstädten und insbesondere in der Bronx Armenviertel gebildet, wo diejenigen unterkamen, die vom sozialen und ökonomischen System in Nordamerika nicht profitieren konnten. Durch die Mischung aus Hoffnungs- und Arbeitslosigkeit, Gewalt und Drogen wuchsen in diesem Viertel die Problembezirke. Gepaart mit dem Rassismus der 1960er-Jahre entstand für die Politik in New York ein brodelndes Gemisch. Umso offener wurde der Vorschlag von Robert Moses gehört, die neue Schnellstraße direkt durch die dichtbevölkerten Wohngebiete der Armenviertel zu bauen. Durch die infrastrukturelle Veränderung über den Cross-Bronx-Expressway sollte zum einen die gesamte Region an Attraktivität gewinnen und zum anderen das „Armutsproblem" bekämpft werden (vgl. www.bpb.de/gesellschaft/kultur/jugendkulturen-in-deutschland/36294/einfuehrung).

Der Bau konnte den Erwartungen jedoch nicht standhalten. Hausbesitzer, die nun von einem Abriss ihrer Immobilie betroffen waren, ließen ihre Häuser in Brand setzen, um die Versicherungsprämie zu kassieren. Der anzunehmende Stadtlärm durch die Schnellstraße veranlasste diejenigen, die es sich leisten konnten, dazu, die Bronx zu verlassen und schreckte Investitionsspekulanten ab, in dieser Gegend zu kaufen. Die gesamte Gegend verlor zunehmend an Attraktivität. Gegen die Vorstellung von Robert Moses stieg die Zahl der leerstehenden Wohnungen in der South-Bronx in den 1960er-Jahren sprunghaft an. Die Gegend stürzte in eine tiefe Krise.

Die Stadtverwaltung, die den Expressway als Zeichen des Fortschritts und der Modernisierung pries, hatte versagt und war nicht bereit, den angerichteten Schaden zur Kenntnis zu nehmen.

Die vielen leerstehenden Häuser und Blöcke führten in den 1970er-Jahren dazu, dass die dort lebenden Jugendlichen diese Sozialräume für sich beanspruchten. Die Ressentiments gegenüber ihrer Hautfarbe und das fehlende Geld machte es den Jugendlichen schwer, in die angesagten Szeneclubs zu gelangen, weswegen sie anfingen, die gewonnenen Sozialräume für eigene Partys zu benutzen: die Block-Partys. Den benötigten Strom holten sich die Jugendlichen aus den Straßenlaternen der Stadt. Sie traten die Kappen der Laternen ab, zogen die Stromkabel hinaus, schlossen an diese die Turntables (Plattenspieler) des DJs an und feierten so lange, bis die Polizei schließlich die Party auflöste. Dann wurde nicht selten das Equipment eingepackt und an einer anderen Stelle wieder aufgebaut, bis auch hier die Polizei erschien.

1977, nach einem 27-stündigen Stromausfall in New York, Plünderungen und Verwüstungen, erwachte das mediale Interesse an der Bronx. Viele Amerikaner schauten in die Stadt der halb zerfallenen und verlassenen Häuser. Berichte über Kriminalität, Armut und zerrüttete soziale Verhältnisse wurden mit den Bildern aus der Bronx ausgestattet. Filme wie *Wolfen*, *Koyaanisqatsu*, *The Warriors* oder *The Bronx* berichteten von Bandenkriegen und einer verlassenen Gespensterstadt.

Doch die dargestellte Bronx hatte sich im Verlauf der 1970er-Jahre allmählich wieder bevölkert: zum einen durch die Zwangsumsiedlung weiterer, vornehmlich schwarzer Familien und zum anderen durch den Zuzug puertoricanischer, jamaikanischer und anderer Familien aus den ehemaligen Kolonien, denen der billige Wohnraum gerade recht war. Inmitten dieser Umgebung entwickelte sich eine neue Kultur. Die Jugend der Bronx entfaltete einen eigenen Musik-, Tanz-, Kleidungs- und schließlich Kulturstil. Der Hip-Hop war geboren.

2 Die vier Grunddisziplinen des Hip-Hop

Die Hip-Hop-Kultur entwickelte sich schnell und in unterschiedlichen Disziplinen. Das Wort „Disziplin" geht hierbei auf den sportlichen Wettkampfcharakter der Akteure des Hip-Hops zurück. DJing, Breakdance, Rap und Graffiti entwickelten sich miteinander und durcheinander und wurden zu den vier Grunddisziplinen des Hip-Hop.

2.1 DJ

In den Anfängen der 1970er-Jahre war die Disco-Musik das vornehmlich gehörte Musikgenre. In den Clubs der Welt waren sogenannte Disc Jockeys (DJs) unterwegs, die auf Partys Platten auflegten. Der DJ war dafür verantwortlich, dass die Partygänger tanzten und die Laune der Besucher*innen nicht abkühlte. Hierzu wählte er Platten aus, leitete durch das Abendprogramm und überspielte die Pausen zwischen dem Wechsel der Platten mit aufheiternden Sprüchen, geschickten rhetorischen Überleitungen in den nächsten Song und diversen Sprachwitzen.

Auf den Block-Partys in der Bronx wurde mit dieser Tradition gebrochen. Grandmaster Flash (*1958), ein technisch versierter Bastler, kam auf die Idee, einen Crossfader zu kreieren. Darunter versteht man einen Regler, der es ermöglicht, zwischen zwei Plattenspielern hin und her zu springen. Durch diese Erfindung war es den DJs plötzlich möglich, von einem Song übergangslos zum anderen zu wechseln. Die zuvor entstandenen Pausen beim Wechsel einer Platte fielen somit weg und es konnte ununterbrochen Musik gespielt werden.

Grand Wizard Theodore (*1963), ein Bewunderer Flashs, gilt seinerseits als Erfinder des Scratches. Von ihm wird berichtet, er hätte mit seinem Setup (Turntables, Boxen und Kopfhörern) in seinem Zimmer gestanden und Musik gespielt, während seine Mutter im Nebenraum seinen Namen rief. Durch seine Kopfhörer hindurch wäre es ihm jedoch nicht möglich gewesen, seine Mutter zu hören und so hätte er weiter seine Musik gespielt. Seine Mutter wiederum hätte, davon genervt, so stark gegen die Zimmerwand geschlagen, dass Grand Wizard Theodore seinerseits seine Hand auf die Platte legen musste, um das Abspielen der Platte zu unterbrechen (vgl. hierzu Loh, Verlan 2000).

Bis zu diesem Zeitpunkt war es undenkbar, eine Platte während des Spielens zu berühren. Die Angst vor der Zerstörung des sensiblen Tonträgers und die damit einhergehende finanzielle Einbuße verbot eine manuelle Unterbrechung der gespielten Musik. In diesem Moment jedoch, da Grand Wizard Theodore sich über dieses Tabu hinwegsetzte, erklang ein bis dahin allenfalls als Störgeräusch wahrgenommener Effekt. Die Nadel kratzte auf der Platte und übertrug dieses Kratzen auf die Lautsprecher. Das Geräusch, das heute als „Scratch" bekannt ist, präsentierte Grand Wizard Theodore auf der nächsten Block-Party als rhythmisches Element. Von diesem Moment an war es angesagt, die Nadel manuell auf der Platte zu bewegen und damit Geräusche zu erzeugen. Gleichzeitig konnte man durch das manuelle Bewegen der Nadel beliebige Stellen in einem Song direkt ansteuern. Während von dem einen Turntable Musik erklang, suchte man auf dem zweiten Turntable eine beliebige Stelle und spielte diese dann ab.

Die Kombination aus Scratch und Crossfader ermöglichte es nun, sogenannte Breakbeats zu kreieren. Als Erfinder des Breakbeats gilt Kool DJ Herc (*1955). 1973 legte er das erste Mal auf der Geburtstagsfeier seiner Schwester auf. Dort kam sein Mix so gut an, dass er künftig auch auf Block-Partys auftrat. Sein Markenzeichen entwickelte sich folgendermaßen: In den meisten Songs gibt es einen Instrumentalteil, in dem vornehmlichen die Drums und eine Baseline des Stückes laufen. Die Länge dieser Teile variiert sehr stark. Sie kann einige wenige Sekunden dauern oder deutlich länger sein. Durch die neuen Techniken des DJs war es nun möglich, die Länge des Instrumentalteils beliebig auszudehnen. Hat man nämlich zwei Turntables mit jeweils zwei identischen Platten und einem Crossfader, ist es möglich, von dem einen Instrumentalteil auf den anderen zu wechseln. Der Instrumentalteil der Platte kann auf diese Weise beliebig oft wiederholt und immer wieder mit Scratches oder weiteren musikalischen Elementen verziert werden. Diese Verlängerung des Instrumentalteils nennt man Breakbeat. Mit dem Breakbeat war es zudem möglich, aus der vorhandenen Musik, durch das Zusammensetzen von anderen Instrumentalteilen, neue Musik zu kreieren:

> Man kann sich HipHop wie eine Pizza vorstellen. Der Breakbeat ist der Boden, auf den sämtliche Zutaten, ganz nach Gusto, gelegt werden können. Der DJ hat für seine Zubereitung potenziell so viele Zutaten, wie es Platten auf der Welt gibt. Er kann […] alles nur Denkbare über den Grundrhythmus – den Breakbeat – legen. (Kage 2002, S. 48)

Diese Fähigkeit, beliebig neue Musik zu kombinieren, bezeichnet man als DJing oder Turntablism:

> „Turntablism […] bezeichnet, mittels Kombination vorhandener Tonträger und durch das Zusammenschneiden von musikalischen Versatzstücken, ‚neue' Musik zu kreieren, der Schallplattenspieler wird dabei quasi als Instrument eingesetzt." (Schröer 2013, S. 12)

In der Bronx kristallisierten sich drei große DJs heraus, die bis heute in der Hip-Hop Szene den Status von lebenden Legenden verkörpern: Grandmaster Flash, Kool DJ Herc und Afrika Bambaataa (*1957). 1975 gründete Afrika Bambaataa die Zulu Nation. Unter der Fahne des Hip-Hops sollte die Zulu Nation den schwarzen Jugendlichen Schutz und Identität bieten. Für viele Jugendlichen der Bronx war diese Vereinigung das erste Bekenntnis zur eigenen Hautfarbe. Afrika Bambaataa führte den Begriff der „Positivity" als Grundideal in den Hip-Hop ein und träumte von einer globalen Friedensbewegung im Namen des Hip-Hops. Im Zuge dessen war es ihm wichtig, eine Bewegung zu gründen, die ohne Drogen und Gewalt auskommt und sich selbst als eine „gemeinsame Familie" versteht. Zulu Nation hieß diese Gruppierung. Sie stand für: „Knowledge, Wisdom, Understanding, Freedom, Justice, Equality, Peace, Unity, Love, Respect, Work, Fun. Overcoming the negative to the positive, Economics, Mathematics, Science, Life, Truth, Facts, Faith and the Oneness of God" (Poschardt 1997, S. 182). Mithilfe dieser Ideen versuchte Afrika Bambaataa, den Jugendlichen in den Ghettos eine Perspektive aufzuzeigen, die sich schließlich im Hip-Hop vereinigen sollte. Diese identitätsstiftende Bewegung lebt bis heute fort und inspiriert Rapper auf der ganzen Welt.

2.2 Breakdance

Das DJing eröffnete es auf den Partys in den Siebzigerjahren, weitere Kunstformen zu entwickeln. Durch die neu kreierten Breakbeats ermöglichte es der DJ beispielsweise den Tänzern, sich länger zu der Musik zu bewegen. Dadurch entwickelte sich ein eigens auf die Breakbeats passender Tanzstil, der sogenannte Breakdance.

Der Name Breakdance bezieht sich demnach auf die von dem DJ gestalteten Breakbeats. Die B-Boys – so der Szenename für die Breakdancer – entwickelten einen spezifischen Tanzstil, der durch „permanente Wechsel von simultanen und sukzessiven Bewegungen" (Klein, Friedrich 2003, S. 15) gekennzeichnet war. Zu Beginn des Breakdances gab es drei wesentliche Tanzarten: Locking, Popping und Power Moves. Unter Popping versteht man die rhythmische, mechanische Körperbewegung, bei der die B-Boys einem Roboter ähnlich mit dem Körper spielen. Locking hingegen spielt mit einer pantomimischen Ironisierung. Hierbei gibt es Grundschritte, die im Rhythmus ausgeführt werden und mit Spannung und Entspannung spielen. Unter Power Moves fallen all jene Techniken, bei denen sich der Körper um die eigene Achse und das eigene Körperzentrum dreht oder kreist. Hierzu wurden häufig Pappplatten ausgelegt, damit die Drehungen besser gelangen.

Auch wenn es den Breakdance, als Nachahmung des von James Brown geprägten Tanzstils, schon in den späten 1960er-Jahren gab, so wurde das Breakdancen doch erst durch die Block-Partys wirklich groß. Um 1976 begannen sich dann die ersten Crews zu bilden, die in Battles mit anderen Crews ihr Ansehen steigerten. Namen wie Rock Steady Crew oder die Zulu Kings gelten als Vorreiter des heutigen Breakdance.

2.3 Rap

Die Rapper können zu Beginn ihres Auftretens als Gehilfen oder Zuarbeiter des DJs verstanden werden. Die Grundidee der Block-Party war es, eine Alternativparty zu den etablierten Club-Partys zu veranstalten. Dabei wollte der DJ nicht minder stark die Crowd, also die Masse bzw. die Besucher*innen der Party, bei Laune halten. Zwei Möglichkeiten, dies zu erreichen, wurden bereits erläutert: Zum einen brachte die Wahl der Breakbeats und der Einsatz von Scratches und bekannten Melodielinien in neuer Kombination die Crowd zum Feiern, zum anderen heizten die B-Boys mit ihren Bewegungen die Stimmung weiter an. Um die Stimmung jedoch noch weiter zu heben und die Anwesenden auch besser zu involvieren, gab es sogenannte Wortakrobaten, die verbal auf die Qualität des DJs oder die Moves der Breaker hinwiesen. Gleichzeitig übernahmen diese auch die Moderation der Party und animierten die Crowd zu lauten Ausrufen, wenn ihnen etwas gefiel. Diese Form der Lautäußerungen waren bereits bei den Tanzbattles der Disco-Bewegung üblich und somit keinesfalls etwas radikal Neues, allerdings wurde das Publikum durch die Rapper noch mehr in die gesamte Party integriert. Durch das Anheizen der Crowd und das Wechselspiel aus Wort und Antwort ergab sich eine Art Dialog zwischen den Künstlern und den Gästen, was dazu führte, dass sich alle Beteiligten als Teil der Bewegung verstanden und die Kulturform mitprägten.

Die Wortakrobaten bedienten sich immer häufiger Reimspielen, wenn sie etwas darboten und wurden schließlich eine wichtige Stütze des DJs. Im Laufe der Zeit wurden sie immer häufiger in den Ablauf einer Block-Party involviert, sie nutzen die Breakbeats um rhythmisch ihre Worte auf den Beat zu setzen und bekamen, ähnlich wie die B-Boys, eigene Breakbeats, auf denen sie sich präsentieren konnten. Dieses Sprechen auf den Beat, in Reimform und möglichst neuartigen Wortzusammensetzungen, nannte man Rap: „To rap" bedeutet ursprünglich „schlagen" oder „klopfen", wird aber auch mit „schwatzen" und „klönen" übersetzt (vgl. Langenscheidt Taschenwörterbuch Englisch 1999). In geregelten Wettstreiten traten Rapper gegeneinander an, und der Beste unter ihnen wurde mit dem Titel des Master of Ceremony (MC) geadelt. Zu dieser Zeit wurde Rap primär gefreestylt, das bedeutet, die Worte wurden spontan, ohne bestehende Textvorgabe oder zuvor niedergeschriebene Zeilen, dargeboten. Zu den ersten Vertretern des Rap gehören Namen wie Coke La Rock, Fatback Band oder Last Poets, die allerdings keinen großen kommerziellen Erfolg verzeichnen konnten. Erst Kurtis Blow, The Sugarhill Gang oder auch Grandmaster Flash And The Furious Five erhielten die ersten Gagen mit ihren Auftritten.

Nach und nach trat der Rapper jedoch aus der Unterstützerrolle in den Fokus der Aufmerksamkeit. Er feilte an seinen Zeilen und schrieb sie nieder, bevor er sie rappte, was dazu führte, dass ganze Songtexte entstanden und die Zeilen mehr Tiefe bekamen. Die Musikrichtung Rap etablierte sich, und im Jahre 1979 kam es zu der ersten kommerziell erfolgreichen Tonträgerplatte mit Rap-Musik. *Rappers Delight* von der Sugarhill Gang verkaufte sich weltweit acht Millionen Mal, ein Erfolg, mit dem niemand gerechnet hatte. Rap hatte sich verselbstständigt und folgte, aus dem lokalen Ghetto kommend, „den Marktgesetzen einer sich globalisierenden Kulturindustrie" (Klein, Friedrich 2003, S. 16).

In der Entstehung des Rap setzt er die Traditionslinie des Blues fort, dabei setzt Rap auch auf den göttlichen Beistand, wie er aus dem Gospel bekannt ist. Als Kind seiner Zeit wird Rap gleichsam vom Motown und von der Disco-Bewegung stark beeinflusst und kreiert dennoch einen eigenen Sound. Diese musikalische Vielfalt setzt sich bis heute durch. Seit dem Beginn des Rap ist das Sampling ein wesentlicher Bestandteil der Produktion, weshalb alle musikalischen Einflüsse auch immer hörbar im Rap vorkommen.

Trotz des großen Erfolgs von Rappers Delight dauerte es noch einige Jahre, bis Rap gesellschaftlich akzeptiert und institutionalisiert war. Im Jahr 1984 gründeten Russel Simmons und Rick Rubin das Label Def Jam. Gruppen wie Run DMC, Public Enemy, Beastie Boys, L.L.Cool J und später auch Tupac Shakur gehörten zu den Künstlern dieses Labels und brachten im Laufe der Achtziger- und Neunzigerjahre Millionenumsätze. Rap war eine nun eine erfolgreiche Musiksparte mit souveränen Künstlern und einer riesigen Marketingabteilung.

2.4 Graffiti

Taki 183 ist der Name, der zu den Anfängen des Graffiti gehört, wie kein Zweiter. Als New Yorker Pizzajunge schrieb er mit einem dünnen Filzstift seinen Namen an die Wände jener Häuser, an die er Pizza auslieferte. Schnell konnten weitere Jugendliche feststellen, dass es „fame", also Bekanntheit, mit sich brachte, wenn man seinen Namen an die Häuserfassaden schrieb. Auf diese Weise entstanden zahlreiche „tags" an diversen Häusern. „Tags" bedeutet „kennzeichnen" oder „markieren", und genau das taten die Jugendlichen. Sie kennzeichneten Häuser und öffentliche Plätze mit erfundenen Namen. Die Namen setzen sich meist aus den Spitznamen der „Writer" und der Nummer der Straße, in der sie wohnten, zusammen (vgl.

Kage 2002, S. 56). So wohnte Taki in der 183ten Straße oder Lee 163 in der 163ten. Mit Etablierung des Graffitis galt es, möglichst ungewöhnliche Stellen des öffentlichen Raumes mit seinem Namen zu beschreiben und auch die Buchstaben immer mehr zu variieren und künstlerisch auszugestalten.

Über die besondere Gestaltung konnte man sich einen Namen in der Szene machen, und der Wettbewerbsgedanke unter den Jugendlichen trieb zu immer neuen Ausgestaltungen von Schriften an. Das Ansehen eines Künstlers „stieg mit der territorialen Verbreitung, der Höhe des Risikofaktors und der Häufigkeit, mit der sie ihre Namenszeichen [...] anbrachten" (Peschke 2010, S. 57). Ganze U-Bahnen wurden von oben bis unten mit dem Namen des Writers besprüht. Solche „wholetrains" fuhren dann durch die Stadt und zeigten das Graffiti des Künstlers für alle gut sichtbar. Parallel zu den einzelnen Buchstaben, die in Farbe und Form immer komplexere Ausgestaltungen fanden, entwickelten sich auch Bildmotive, sogenannte „Charakters". Da jedoch die Schrift bis heute der primäre Fokus des Graffitis darstellt, spricht man von den Künstlern als „Writer".

Die zeitgenössische Graffitikunst ist sehr gut dokumentiert. Einer der Pioniere in der Fotografie des frühen Hip-Hop und seiner Kultur ist Henry Chalfant (*1940). Auf seiner Website www.henrychalfant.com finden sich u. a. zahlreiche Fotos von getaggten U-Bahn-Wagons und viele weitere Zeugnisse der Szene in ihren Anfängen.

Exkurs: Kleidungsstil

Mit der Kultur entwickelte sich auch ein eigener Kleidungsstil. Weite, tiefsitzende Hosen, die Baggy-Pants, wurden zum Aushängeschild der Hip-Hop-Kultur. Cappies und Jerseys rundeten das Bild des Hip-Hoppers ab. Doch hinter dem weiten Kleidungsstil verbarg sich mehr als nur eine Identifikationskleidung der Hip-Hopper untereinander.

Die finanzielle Situation vieler Familien in der Bronx führte dazu, dass diverse Kleidungsstücke beim Gebrauchtwarenladen oder der Altkleidersammlung bezogen wurden. Da der Kauf neuer Kleidungsstücke immer auch mit finanziellem Aufwand verbunden war, kam es häufig dazu, dass keine neuen Kleidungsstücke gekauft wurden, sondern viele Kinder und Jugendliche die Kleidung ihrer älteren Geschwister auftragen mussten. Ihre Kleidungsstücke entsprachen dadurch häufig nicht ihrer Größe, was zur Folge hatte, dass viele Jugendliche übergroße Kleidungsstücke trugen.

Das neu entstandene Selbstwertgefühl der jungen Hip-Hop-Generation machte aus dieser Not eine Tugend und deklarierte das Tragen weiter Hosen und Pullover zum Stil ihrer Generation. Gleichzeitig machten sie über das Tragen dieser weiten Anziehsachen auf die soziale Situation in der Bronx aufmerksam. Nun wurden ihre beschränkten finanziellen Möglichkeiten nach außen getragen.

Der Kleidungsstil beinhaltete punktuell weitere solcher politischen und gesellschaftskritischen Messages. Zu den bekanntesten Accessoires gehört die Baggy-Pants, die mit der Begegnung mit der Illegalität spielt: Kommt man ins Gefängnis, werden einem üblicherweise der Gürtel und die Schnürsenkel abgenommen, denn sie könnten dafür genutzt werden, sich selbst zu töten. Viele der schwarzen Jugendlichen in der Bronx hatten erfahren, dass die Streifenpolizei sie aufgrund ihrer Hautfarbe als kriminell und gewalttätig einstuften. Um auf diesen Umstand des Racial Profiling und die in diesem Zusammenhang erfahrenen Diskriminierungen aufmerksam zu machen, nahmen die Hip-Hopper die Schnürsenkel und die Gürtel aus ihren Schuhen und Hosen heraus, noch bevor sie verhaftet wurden. So spiegelten sie die vorgefertigte Meinung der Polizei, die sie als potenziell Straffällige interpretierten. Die Folge des fehlenden Gürtels in der zu großen Hose war das Herunterrutschen der Hose. Daraus entwickelte sich allmählich ein Stil des tiefsitzenden Hosentragens. Die Folge der fehlenden Schnürsenkel war das Herausschlappen aus den Schuhen. Deswegen nähten sich die Hip-Hopper später Gummibänder in die Innenseite der Schuhe, um so dem Herausschlappen entgegenzuwirken. Der Kleidungsstil der Hip-Hopper erfüllte demnach zwei Zwecke: Er wurde zu einem politischen Statement auf der einen und eine Kulturidentität auf der anderen Seite.

3 Rap in Deutschland

Rap breitete sich global aus und erreichte schließlich auch Deutschland. Der Erfolg der Single *Rappers Delight* inspirierte diverse Musikakteure, sich des Sprechgesangs zu bedienen. Die Entstehung einer eigenen Hip-Hop-Kultur in Deutschland vollzog sich jedoch eher schleichend. Im März des Jahres 1983 erschien ein Film mit dem Titel *Wild Style*. Es handelte sich um eine Dokumentation über Graffiti in der Bronx, in der am Rande auch alle anderen Disziplinen des Hip-Hops in Erscheinung traten. Nur ein Jahr später wurde der Film *Beat Street* veröffentlicht – ein Spielfilm, der inmitten der aufstrebenden Hip-Hop-Kultur platziert ist.

Diese beiden Filme waren maßgeblich daran beteiligt, dass Rap in Deutschland Nachahmer fand und die Musikrichtung immer populärer wurde. Zunächst agierten die Jugendlichen im sogenannten Untergrund. Fernab von Plattenveröffentlichungen, Marketing und Werbeeinnahmen formierten sich in der Schweiz Mitte der 1980er-Jahre die ersten Jams, auf denen Rapper aus Deutschland, Frankreich, Italien und Österreich ihre vorgefertigten Reime präsentierten. Zu Beginn dieser Kulturepoche versuchte man, die Vorbilder aus den USA zu kopieren und auf Englisch zu rappen. Als Vorbilder sind Namen wie Tupac Shakur, Notorious B.I.G., Snoop Dogg, Dr. Dre, Nas, Mack 10 und Too Short zu nennen. Ihre Art des Rap stellte vor allem den Pathos der Sprache und das Spiel mit Worten in den Vordergrund. Insbesondere Tupac Shakur wurde hierbei durch seine lyrische und intelligente Sprache, gepaart mit seinem Image, besonders gefeiert. Dadurch, dass jedoch nur sehr wenige Bild- und Tonaufnahmen von den Rappern aus Amerika existierten, war es für die deutschen Nachahmer sehr schwer, sich dieser Inspirationsquelle authentisch zu bedienen.

Eines wurde jedoch von Beginn an deutlich: Die größte Kunst lag darin, die gesprochene Sprache so zu rhythmisieren, dass ein eigener Style ersichtlich wird, der sich bestenfalls von demjenigen der anderen unterscheidet. Der textliche Inhalt war somit eher Nebensache, der rhythmischen Variation galt alle Aufmerksamkeit. Einer der ersten deutschen Rapper war der aus Heidelberg stammende Torch von Advanced Chemistry. Auch er rappte zunächst auf Englisch, verbalisierte sein Lebensgefühl und kreierte schnell seinen eigenen Style, was ihn in der Rap-Szene zu einem bekannten Akteur machte. Ihm wird zugleich zugeschrieben, dass er die ersten Zeilen auf Deutsch rappte. Zu der rhythmischen Güte eines Textes gesellte sich damit auch die Aussage des Rappers, die nun als ebenso wichtig betrachtet wurde wie zuvor der Style. An dieser Stelle gingen die Meinungen jedoch schnell auseinander und noch heute hält der Konflikt an, ob der Textinhalt oder die Rhythmik bzw. das Gefühl das entscheidende Element des Rappers ist.

In den ausgehenden 1980er-Jahren erkannten Jugendeinrichtungen das Potenzial von Rap und Hip-Hop und veranstalteten Jams in ihren Häusern. Dies waren keine Konzerte, kein Act wurde ins Zentrum gestellt und keine Fangemeinde kam, um bestimmte Künstler zu sehen. Vielmehr waren es Treffen unter Gleichgesinnten. Auf diesen Treffen kamen Jugendliche aller Disziplinen zusammen und tauschten sich mit ihresgleichen aus. Es wurden Eintrittsgelder genommen und in einem großen Raum zeigten sich die Writer ihre Blackbooks, die Rapper ihre Styles, die DJs ihre Cuts und die Breaker ihre Moves. Immer wieder vermengten sich die Disziplinen miteinander und immer wieder feierten die Hip-Hopper ihre Musikrichtung. Auf unterschiedlichen solcher Jams traf man fortwährend die gleichen Leute, und so entstand langsam eine eigene, eingeschworene Gemeinschaft, die sich kulturell aneinander orientierte und zu einer eigenen Kultur heranwuchs.

Auffällig war, dass Hip-Hop von Beginn an „eine besondere Anziehungskraft auf die Söhne und Töchter der zweiten Migrantengeneration [hatte]. Weit über die Hälfte des HipHops waren junge Türken, Kurden, Jugoslawen, Griechen oder Italiener" (Verlan, Loh 2015, S. 315).

Ebenso wie in Amerika entwickelte sich auch in Deutschland eine eigene Kleidungskultur. Orientiert an den Sachen aus Amerika, wurden Cappies, weite Hosen und Teamtrikots zum Erkennungszeichen der Hip-Hopper. Da es in den 1980er-Jahren jedoch noch keine expliziten Hip-Hop-Läden gab, wurden die Kleidungsstücke häufig auch von den Hip-Hoppern selbst gefertigt. Hosen wurden besprüht, bunte Hüte und Outfits eingeführt. So brachte die Hip-Hop-Kultur in Deutschland „eine durchgeknallte Vielfalt hervor, die den Leuten manchmal die Sprache verschlug" (ebd., S. 338).

Auf den nun regelmäßig stattfindenden Jams wurden die Rapper immer interessanter. Gleichsam entwickelte sich unter den Rappern ein Wettstreit, der sich in den Rhymes niederschlug. Die so neu entstandene Form des Rap nannte sich „Battle-Rap". Hierbei wurden Rapper im direkten Vergleich nebeneinandergestellt und das Publikum entschied, wer der bessere Rapper war. Mit den 1990er-Jahren wurde Rap langsam kommerzialisiert. In ganz Deutschland formierten sich sogenannte Rap-Crews, und nach und nach bekamen auch die Plattenfirmen Interesse an der neuen jugendlichen Musikrichtung. Im Jahre 1991 tauchte plötzlich eine Band auf, die zuvor nie auf einer Jam gewesen ist und somit in der Szene völlig unbekannt war: Die Fantastischen Vier. Sie kamen direkt mit einem Major-Label-Vertrag von Columbia/Sony. Die vier Bandmitglieder hatten mit dem bis dahin gelebten Kulturgedanken von Hip-Hop nichts gemein. Es waren intellektuelle Jugendliche, die ein ganz anderes Interesse verfolgten, als es die Rapper bis dato taten. In der Szene machte sich eine latente Angst breit. Durch diese Kommerzialisierungstendenzen war die eigene Kultur bedroht. Im Jahre 1992 wurde von den „Fantas" die erste Rap-Single auf den Markt gebracht: *Die da.*

Für die Rap-Kultur war diese Single wie ein offener Schlag ins Gesicht. Überall hieß es, dass die Fantastischen Vier die ersten deutschen Rapper seien. Ihre Texte waren weit entfernt von den gesellschaftskritischen Texten der anderen Rapper und transportierten primär Spaß. Der Kleidungsstil des Hip-Hop wurde korrumpiert und die marktstrategische Produktion von *Die da* bildete ein Stilcrossover zwischen Pop und Rap. Max Herre drückte es in seinem Song *Erste Schritte/Retrospektive* folgendermaßen aus: „Man kotzt sich über die Fantas zu / Denn man empfand das so in der Scene" (Freundeskreis, *Erste Schritte/Retrospektive*, 1999). Gleichzeitig eröffnete diese Single die Möglichkeit für viele deutsche Rap-Acts, bekannter zu werden. Die Marketingstrategie von Columbia/Sony ging auf. Deutschrap wurde über die deutschen Grenzen hinaus bekannt und weitere Rapper wurden bei den großen Labels in Deutschland gesigned.

Nach Heidelberg wurde also Stuttgart zur Heimat des Deutschrap. Es ließ nicht lange auf sich warten, bis der Frust über die Fantas auch in der kommerziellen Rap-Szene seinen Niederschlag fand. In Frankfurt am Main gab es eine Rap-Gruppe, die sich das Rödelheim Hartreim Projekt nannte. Auf dem Album *Direkt aus Rödelheim* gab es einen Titel, der folgende Zeile enthielt: „Sie nennen sich fantastisch / Ich wundere mich was sich / Die Jungs dabei denken, sie sind spastisch" (RHP, *Reime*, 1994). Hiermit war das erste deutsche „Kommerz"-Rap-Battle eröffnet. Die Fanta 4 schlugen zurück, indem sie eine Frühstückssituation simulierten, bei der sie das Rödelheim Hartreim Projekt „dissten".

Mit steigender Konfrontation wuchsen auch die Verkaufszahlen. Rap war endgültig aus dem Untergrund in die kommerzielle Welt übergetreten. Zahlreiche Künstler folgten. In Hamburg wurden Namen wie Fünf Sterne Deluxe, Fettes Brot, Absolute Beginner und Samy Deluxe Garanten absatzstarker Produkte. Erst im Jahre 2000 schaffte es ein Berliner Rapper, seinen Namen in der Szene auch im kommerziellen Bereich zu etablieren: Mit seinem ersten Video *King of Rap* zeigte Kool Savas direkt, dass es im Berliner Rap wieder zurück zu den Ursprüngen des Rap gehen sollte. Nicht der Spaß, die gute Laune oder wortgewaltige Gedankenprozesse sollten im Fokus des Rap stehen, sondern der ehrliche Spiegel der Straße, mit harten Battle-Attitüden und expliziter Sprache.

Damit holten die Berliner Künstler Rap zurück auf die Straße, wo er ursprünglich entstanden ist. Im Jahre 2004 setzte ein Mann mit einer silbernen Maske diesen Trend fort und verband die Untergrundattitüde mit kommerziellem Erfolg. Sido erreichte mit *Mein Block* Platz 13 der deutschen Charts (vgl. www.offiziellecharts.de/titel-details-27673) und ermöglichte es Künstlern wie Bushido, B-Tight, Tony D oder Alpa Gun, erfolgreiche Chartplatzierungen zu erlangen.

Bis heute ist der deutsche Rap in den Chartplatzierungen immer wieder sehr erfolgreich vertreten. Doch während der Erfolgskurs und die Kommerzialisierung des Rap in Deutschland stetig steigt, gab und gibt es auch immer entsprechende Künstler, die im Untergrund agieren. Ähnlich wie zu Beginn der Deutschrapzeit gibt es in ganz Deutschland kleine Homerecording Studios, wo täglich die Idee und Kultur des Hip-Hops idealistisch umgesetzt wird und der ursprüngliche Kulturgedanke des Rap gelebt wird. Der Unterschied zu den Künstlern aus der Ursprungszeit ist jedoch, dass sich die Perspektive für Rapper deutlich verändert hat.

In dem Buch *35 Jahre HipHop in Deutschland* zeichnen Verlan und Loh eine detaillierte Übersicht über die Rap-Geschichte in Deutschland.

4 Was ist Rap?

Vor einigen Wochen holte ich meinen Sohn von der Grundschule ab. Ich wartete vor dem Tor und beobachtete das Treiben auf dem Schulhof. Zwei Mädchen kletterten auf einem Klettergerüst umher und riefen immer wieder etwas zu einem Jungen, der ihnen zuschaute. Alle drei waren zwischen sechs und acht Jahren alt. Plötzlich rief das Mädchen irgendetwas mit Rap, was meine Neugier weckte, und ich widmete mich intensiver dem Gespräch zwischen den Mädchen und dem Jungen. Eines der Mädchen forderte den Jungen immer wieder auf, etwas zu rappen, und der Junge reagierte auf diese Aufforderung mit einem ausdrucksstarken Kopfschütteln. Das Mädchen seinerseits ließ zunächst nicht locker, merkte aber schließlich, dass dieser Junge eher nicht rappen würde. Ihre Enttäuschung drückte sie aus, indem sie sagte: „Weißt wohl nicht, was Rap ist. Rappen sind Reime, die cool sind!"

Ich notierte mir dieses Zitat sofort. Der Assoziationsraum von Reimen und Coolness in Verbindung mit Rap offenbarte mir, dass Rap auch schon bei den Kindern als coole Musikrichtung wahrgenommen wird, als etwas, das stark mit Stil und anderen Kontexten in Verbindung steht. Gleichzeitig stellte ich mir die Frage, wie ich eigentlich Rap definieren würde.

4.1 Rap in der Literatur

Wir haben bereits gehört, dass das englische Verb „to rap" mit „schlagen", „klopfen", „pochen" oder auch „schwatzen" und „klönen" übersetzt werden kann. Geschichtlich, so beschreibt es Jan Kage, taucht der Begriff in der afroamerikanischen Sprache ab „dem 17. Jahrhundert mit wechselnden Bedeutungen auf. Seit 1870 wird er als Synonym für ‚reden' und ‚unterhalten' benutzt" (Kage 2002, S. 40). Diese Etymologie findet sich bei Sebastian Schröer bestätigt, der auch die Ursprünge von Rap in der afroamerikanischen Kultur verortet. Bei Schröer heißt es hierzu: „Bei Rap handelt es sich um Sprechgesang in Reimform, der ursprünglich aus der afroamerikanischen Kultur entstammt und musikhistorisch in der Tradition der Griots steht und von sogenannten MC's vorgetragen wird" (Schröer 2013, S. 14. Als Griots werden professionelle Sänger in Westafrika bezeichnet, die einer eigenen Kaste angehören. Ihre Funktion ist etwa mit Bänkel- bzw. Moritätensängern vergleichbar. Vgl. dazu Dorsch 2006).

Rap signalisiert somit bereit als Begriff seinen Ursprung in der afroamerikanischen Kultur und war weit vor der Entwicklung des Hip-Hops schon als musiksprachliches Wort in Gebrauch. Gleichzeitig wird deutlich, dass Rap immer im Assoziationsraum von Kommunikation, Sprache und Sprechen verwendet wurde und sich demnach auf das gesprochene Wort bezieht. Die

Bedeutungsspezifizierung, die das Wort seit den 1970er-Jahren erhalten hat, beschreiben Gabriele Klein und Malte Friedrich wie folgt: „Rap ist das bekannteste und kommerziell erfolgreichste Feld des HipHop, seine Protagonisten sind die berühmtesten unter den HipHop-Aktivisten und stehen im Rampenlicht der Medien" (Klein, Friedrich 2003, S. 30).

Rap wird in diesem Zusammenhang klar auf den Hip-Hop, seinen kommerziellen Erfolg und die Aktivisten bezogen. Die Definition geht primär von der gesellschaftlichen Verortung aus und beschreibt Rap in der Anerkennung durch die Gesellschaft. Die musikalische Ausrichtung bleibt hier völlig zurück, auch die sprachliche Dimension findet in dieser Definition keine Beachtung. Hier wird die Veränderung des ursprünglichen Rap-Begriffs deutlich, der sich in die Kultur des Hip-Hops integriert und in Unterscheidung zum restlichen Hip-Hop definieren lässt.

Bei André Peschke findet sich eine Definition von Rap, die hingegen primär den musikalischen Gedanken des Rap aufnimmt. Peschke beschreibt Rap als: „[...] den für HipHop charakteristischen rhythmischen, in Reimform vorgetragenen ‚Sprechgesang'" (Peschke 2010, S. 66). Peschke nimmt in seiner Definition klaren Bezug auf den Rap als musikalisches Stilmittel. Er bezeichnet es als „rhythmisch" und beschreibt es als „in Reimform vorgetragen". Das Wort „Sprechgesang" ist in diesem Zusammenhang besonders interessant. Vor allem, weil sich dieses Wort für Rap, auch in der Szene, stark etabliert hat und Rap und Sprechgesang häufig synonym verwendet werden.

Bei David Dufresne findet sich noch eine weitere Dimension, die dem Rap zugeschrieben wird: „[...] es sind Töne hinzugekommen, neue Ideen und Arrangements [...]. Rap [hat] seine Gleichförmigkeit verloren. Es benutzt fast alle Musikstile" (Dufresne 1992, S. 5). Diese Art der Beschreibung setzt Rap schon vollkommen in den musikalischen Kontext und betrachtet ihn als musikalisches Werk, das arrangiert wird und unterschiedliche Musikstile benutzt.

Die Vielseitigkeit von Rap zeigt sich demnach nicht nur in der Vielseitigkeit des Sprechgesangs als solchem, sondern auch in dem Blickwinkel auf diese Musikrichtung. Sie reicht von einem wortimmanenten Erklärungsversuch über den Prozess, der zwischen dem Akteur und den Hörern seinen Ausdruck findet, bis hin zu der tontechnischen Ausarbeitung des Musikstücks. Da all dies in dem Wort zusammenkommt, muss eine konturierte Begriffsdefinition für dieses Buch gefunden werden, um mit diesem Begriff klar operieren zu können.

4.2 Rap als Sprechgesang?

Wie bereits oben erwähnt, ist ein im Deutschen synonym verwendeter Begriff für Rap der des „Sprechgesangs". In Fachbüchern taucht dieser Begriff ebenso auf wie in der Trivialliteratur. In deutscher Übersetzung wird Neil Kulkarnis biografische Sammlung von Rap-Künstlern mit *Die Story der größten Sprechgesänge* untertitelt (vgl. Kulkani 2005).

Doch bezeichnet Sprechgesang tatsächlich Rap? Zunächst lässt sich ohne große gedankliche Anstrengung feststellen, dass Sprache „Sprechen" und „Singen" sowie „Sprache" und „Gesang" voneinander unterscheidet. Die Kombination in dem Wort „Sprechgesang" aus diesen beiden, voneinander unterschiedenen, Elementen könnte demnach die Vorstellung von Rap konkretisieren.

Die Verwandtschaft von Sprache und Gesang zeigt sich an ganz unterschiedlichen Stellen. Studierenden in der Fachrichtung Operngesang wird beispielsweise häufig das Buch *Die Kunst des Sprechens* von Julius Hey empfohlen. Das auch als *Der kleine Hey* bekannte Werk bezieht sich ausschließlich auf das Sprechen, dient jedoch vielen Sänger*innen auch als Lehrbuch. Hey beschreibt beispielsweise, dass für die Tonerzeugung die „Zwerchfelltätigkeit, das lockere Muskelspiel des gesamten Körpers, vor allem des Stimmorgans, und nicht zuletzt der einwandfreie Stimmbandschluß" notwendig seien (Hey, 1997, S. 7). Weiterhin beschreibt er, dass für die Tonbildung eine „artikulatorische Arbeit innerhalb des Ansatzrohres: Weitung des Schlundraumes, Öffnen der Resonanzen, Registerausgleich als Grundlage einer tonlich vollklingenden und klaren Vokalisation und Artikulation" unverzichtbar seien (ebd.). Nicht nur die anatomische Anstrengung, sondern auch das Öffnen der Räume und der Atemeinsatz ähneln dem Gesang, sodass es möglich erscheint, die Voraussetzung für das Sprechen auf das Singen zu übertragen.

Wenn nun allerdings eine begriffliche Unterscheidung zwischen Sprechen und Singen vorliegt, dann müsste es doch auch konkrete wahrnehmbare Unterscheidungen geben. Die einfachste Unterscheidung zwischen Gesang und Sprache habe ich auf einer Internetseite für Kinder gefunden. Hier heißt es: „Der Unterschied ist, dass man beim Singen einen deutlich höheren Tonunterschied haben kann und ein gesungener Ton eine klar definierbare Frequenz hat. Das heißt, man kann die Schwingungen messen und dadurch die Tonhöhe klar bestimmen" (https://klexikon.zum.de/wiki/Gesang). In dieser Definition liegt der Schwerpunkt der Unterscheidung in der Tonalität. So kann man beobachten, dass das gesprochene Wort zwar eine Sprachmelodie innehat, im Verhältnis zum gesungenen Wort allerdings die Tonhöhen weniger stark variiert und sich in kleineren Sprüngen vollzieht. Deswegen lässt sich der Gesang als insgesamt melodiöser erkennen.

In dem Band *Das Buch von der Stimme* beschreibt Annette Cramer die Unterschiede zwischen Sprechen und Singen etwas präziser. So charakterisiert sie die Sprechstimme als verlängerte Einatemphase, wobei in der Ausatemphase Worte erzeugt würden, die sich stetig und gleitend um einen Grundton bewegen. Die stimmlichen Funktionen liefen weitgehend unbewusst ab und das akustisch aufgezeichnete Schwingungsmuster sei unregelmäßig. Beim Gesang hingegen sei die Ausatemphase erheblich länger. Der Brustraum ziehe sich, über die Ruhelage der Lunge hinaus, noch weiter zusammen, wodurch ein verlängerter Stimmklang erzeugt würde. Hierbei spiele die Körperhaltung eine große Rolle. Die Tonalität vollziehe sich in Tonschritten, die sich in Intervallen verknüpfen würden. So entstünden Melodien, die vor allem über die gut tragenden Vokale gedehnt würden. Insgesamt überwiege die bewusst gesteuerte Stimm- und Klangbildung, die sich an einem vorgegebenen Takt orientieren (Cramer 1998, S. 43 ff.).

Sprechen und Singen bedienen sich demnach der gleichen Anatomie und einer ähnlichen Technik, unterscheiden sich jedoch in ihrer Atemtechnik, Körperhaltung, Tonalität und Wortverwendung. Eine Verknüpfung aus Sprechen und Gesang wird somit zum Sprechgesang. Rap bewegt sich beispielsweise in seiner Ausführung, wie das gesprochene Wort, primär um den Grundton, benutzt aber dennoch die Atemtechnik des Gesangs. Er setzt Worte rhythmisch auf die Ausatmung und nutzt nicht die Vokale als tragendes Element, orientiert sich aber dennoch an dem vorgegebenen Takt. Rap ist somit eine Mischform aus Sprechen und Gesang, mit einer klaren Tendenz zum Sprechen, weshalb der Begriff Sprechgesang zutreffend ist.

4.3 Rap bei den Rappern

Im Jahre 2012 veröffentlichte der Rapper Max Herre gemeinsam mit Mo-Trip, Samy Deluxe, Megaloh und Afrob den Song *Rap ist* in der Extended Version (Max Herre, *Rap ist*, Hallo Welt, 2012). Fünf Rapper erklären in diesem Song, was Rap ist. Mo-Trip fasst es wie folgt zusammen: „Deine Stimme plus die Technik / mal die Flows geteilt durch Skills / [...] auf der Bühne checken, wer am coolsten flowt / [...] Reichtum und Subkultur." Mo-Trip nimmt in seinem Text Bezug auf die akustischen Merkmale des Rap (Stimme, Technik, Flow und Skill), den Battle-Charakter, die Vermarktung und historische Kulturentwicklung. Es ist ein primär analytischer Blick auf die Rapszene, der eine Beschreibung seiner Vorstellung von Rap, gespickt mit einigen selbstreflektierenden Elementen, zum Ausdruck bringt.

Afrob hingegen beschreibt in seinem Text seine (persönliche) Situation in der Szene und nimmt diese Wahrnehmung als Beschreibung für Rap auf. So heißt es in seinem Part: „16 Stunden lang in der Bummelbahn / zu jeder Jam Zug gefahr'n. / [...] 16 Takte, die dein Leben ändern. / Gestern Jugendhaus, morgen läuft's auf jedem Sender." Auch wenn Afrob die deutsche Entwicklungsgeschichte des Rap rudimentär aufgreift, beschreibt er doch primär seine eigene Entwicklungsgeschichte in dieser Szene als Rap.

Samy Deluxe persifliert mit seinem Part die Frage nach Rap und führt sie wortspielerisch ad absurdum: „Ihr wollt wissen, was ein Wrap ist? / So ähnlich wie ein Sandwich, / nur statt dem Brot gibt's Tortillas, / die man um den Inhalt rollt." Auch wenn Samy keine explizite Antwort auf die Frage nach Rap gibt, zeigt er doch auf, dass Rap erstens nicht so einfach zu greifen ist und zweitens eine Kunstform darstellt, die sich primär mit Sprache, Klang und Rhythmik beschäftigt und noch immer ein Legitimitätsproblem mit sich trägt.

Megaloh beschreibt Rap als ein Gefühl, das durch den Körper fließt und sich in den eigenen Worten ausdrückt. Gleichzeitig wird das eigene Gefühl durch andere Rapper zum Ausdruck gebracht, weswegen sie gerne gehört werden. Diese emotionale Verbindung ist, nach Megaloh, der primäre Charakter von Rap: „Rap hört man nicht nur / man fühlt's körperlich / hör in mich rein / such ob's dafür Wörter gibt. / [...] Rap ist Soulmusik."

Max Herre gibt den Abschluss des Songs und verbindet viele der zuvor erwähnten Positionen zu Rap. Er spricht von den Emotionen gegenüber Rap: „[...] sich seinen Frust von der Seele schreiben." Von den Techniken, die ein Rapper haben sollte: „Und im Takt der Syntax 'n Sinn gibst." Er benennt das Aussehen und die Geschichte von Rap: „Dicke Hose an, Mann. [...] Oldschool, Newschool, Trueschool." Und er wettert mit Wortspielen, um zu persiflieren: „[...] sich durch sein Gespitte selbst zum Ritter schlagen, alles ficken wollen und 'ne Vorliebe für Mütter haben."

Ähnlich wie in diesem Song haben auch Rapper aus meiner Bekanntschaft die Frage beantwortet, was für sie Rap sei: „Rap ist mein Lifestyle – Rap ist mein Leben" (Kamex, Berliner Rapper). „Rap ist eine Kunstform, in der man sich lyrisch entfalten und Gedanken, Erlebnisse und Gefühle verarbeiten kann. Unabhängig davon, wie gut linguistische Fähigkeiten ausgeprägt sind" (Wirelance, Jugendlicher eines Workshops). „Rap ist für mich ein Sprachrohr" (Mudi, Berliner Rapper). „Rap ist die naheliegendste, aktuellste Form, sich mit Worten und Musik zu beschäftigen. Rap ist die Dichtkunst des 20. Jahrhunderts und ist mittlerweile so erwachsen, dass er alle Themen zulässt" (Gris, Berliner Rapper). „Rap bedeutet für mich, das nach außen zu tragen, was ich denke. Auf die Art und Weise und mit der Intensität, wie ich es fühle" (Amewu, Berliner Rapper).

Für Rapper stellt Rap also vielmehr eine authentische Musikform dar, nämlich ein Medium des Ausdrucks und eine Möglichkeit der Versprachlichung von Gedanken. Dabei steht der Künstler selbst im Zentrum der Musikform. Seine Wahrnehmung von der Welt wird in den Texten gespiegelt und schließlich wortreich zu Papier und auf den Beat gebracht. Die Kunstform des Rap wird also durch die Aktion des Künstlers selbst zum Kunstwerk und somit zum Abbild der interpretierten Wirklichkeit des Künstlers. Vielleicht ist die Definition von Rap als Kunstform deshalb so schwierig, weil es den Prozess beschreibt und das Werk nur die Darstellung des Prozesses ist, dennoch es ist eine authentische Kunstform.

4.4 Das ist Rap

Rap ist ein wichtiger Musikstil der heutigen Zeit. Das Publikum der Konsumenten verjüngt sich, und gleichzeitig altert die Hörerschaft aus der Ursprungszeit. Rap gewinnt Einfluss in immer mehr Bereichen des alltäglichen Lebens. Werbung im Radio und im Fernsehen bedient sich der Attribute des Rap. In Kitas und Kindergärten, in Schulen und Jugendeinrichtungen beschäftigen sich Pädagogen*innen mit Rap und bemühen sich, gemeinsam mit ihren Schützlingen zu rappen.

Doch Rap ist nicht das Imitieren von Handbewegungen oder rhythmisches Sprechen. Es erschöpft sich auch nicht im Tragen von Cappies oder Baggy-Pants. Rap ist eine Kunstform! Und sie wird ins Absurde gezogen, wenn sie nicht als solche anerkannt wird und ihr mit dem Respekt begegnet wird, den sie verdient. Leider haben auch einige professionelle Rapper den Wert dieser Kunstform vergessen und wirken an ihrer eigenen Persiflage mit.

Wenn man mich fragt, was Rap ist, dann würde ich antworten: „Rap ist eine authentisch musikalisch-textliche Kunstform des Hip-Hops, die Gefühle und Gedanken zur direkten Umwelt des Künstlers verbalisiert und sprechgesanglich-rhythmisch, an einem Takt orientiert, zum Ausdruck bringt."

Mit dem Wort „authentisch" möchte ich die Eigenleistung des Rappers im Umgang mit Texten verstanden wissen. Sowohl das textliche Kopieren (byten) als auch das Texteschreibenlassen oder Texte für andere schreiben (ghostwriting) gilt unter professionellen Rappern als moralisches Vergehen. Oder, um es mit den Worten von Curse zu sagen: „Das peinliche byten bitte vermeiden / von den Meisten, die schreiben / sind die Wenigsten wirklich eigen" (Curse, *Zehn Rap Gesetze, Feuerwasser*, 2000).

Diese Begriffserklärung soll der Grundgedanke von Rap in meinem Buch sein. Bitte verstehen Sie dieses Buch als ein von einem Künstler und Kunstinteressierten geschriebenes Werk, der die Kunstform Rap als Pädagoge einsetzen möchte, um Kindern und Jugendlichen die Kunstform näherzubringen, und um gleichsam pädagogische Arbeit zu leisten, zum Wohle einer gesamtgesellschaftlichen Verbesserung.

5 Warum Rap in der Pädagogik?

Rap wird in vielen kommerziellen Bereichen zweckentfremdet. In der Werbung findet sich beispielweise eine Gruppe Kinder, die einen Pudding in der Hand halten und mit dem Trivialreim „Die Paula ist 'ne Kuh / die macht nicht einfach muh" das Produkt bewerben. Die Sprache des Hip-Hops ist inzwischen so fest im jugendspezifischen Wortschatz etabliert, dass die Fehleinschätzung besteht, man bilde die Sprache der Jugend ab, wenn man Begriffe des Hip-Hops benutzt.

In der deutschen Version von *8 Mile*, dem Kinofilm mit Eminen, gibt es beispielsweise eine Szene, in der folgender Dialog vorkommt: „Man sagt, du sollst 'n fetter Rapper sein." – „'N fetter Rapper? Wer sagt ich sei 'n fetter Rapper?" – „Hört man von vielen Seiten." (*8 Mile. Jeder Augenblick ist eine Chance*, Universal 2003). An dieser Stelle zeigt sich, dass die Synchronisationsautor*innen versuchten, das Originalwort „dope" ins Deutsche zu überführen. Dabei griffen sie wohl in den Wortschatz der Jugendsprache und schätzten das Wort „fett" als bestgeeignet ein. Doch dieses Wort kommt im deutschen Jugendsprachgebrauch, zumindest in diesem Kontext, so gut wie gar nicht vor. Auch wenn einige Rapper von fetten Beats sprechen, wird das Wort „fett" eher in Bezug auf den Zustand des „Zugedröhntseins" aufgrund von Haschischkonsum benutzt. Dabei wird allerdings deutlich, dass den Übersetzer*innen ein Einblick in die Szene fehlte und die Operation mit dem Wort gänzlich misslang. Allein durch solche fehlerhaften Wortverwendungen haftet der Szene etwas Lächerliches an.

Es scheint einen wesentlichen Unterschied in der Wahrnehmung von jenen zu geben, die sich mit Rap beschäftigen, ihn hören oder gar in der Szene aktiv sind, und solchen, die von außen auf die Szene schauen und Rap beiläufig konsumieren. Von außen betrachtet, wird Rap dabei häufig auf das Aussehen und die Gebärden der Protagonisten reduziert. Die Sprache wird nicht selten ins Lächerliche gezogen, etwa wenn sich Außenstehende das Cappy andersherum aufsetzen und „Yo man" rufen.

Gibt man beispielsweise bei einer Suchmaschine das Wort „Rapper" ein, so findet man Bilder von Männern mit zur Musik passenden Handbewegungen, bösem Blick und muskulösem Körperbau. Sucht man nach den Wörtern „Verkleidung – Rapper", so führt diese Anfrage zu Hosen, die nur den halben Po bedecken, Cappies und Goldketten, Goldzähnen und Tattoos. Diese Klischees führen zu einer Distanzierung zu der tatsächlichen Kultur und den mannigfaltigen Möglichkeiten, die diese Kunstform mit sich bringt. Wenn in diesem Kapitel die Frage beantwortet werden soll, warum Rap in die Pädagogik hineinpasst, dann wird die Frage nicht mit dem distanzierten Blick eines Außenstehenden beantwortet, sondern der Fokus auf Rap als Kunstform und seine Bedeutung für die Jugendlichen gelegt.

5.1 Passt Rap in die Pädagogik?

Dass Rap das Interesse von Kindern und Jugendlichen trifft, ist unbestreitbar. Dieses Interesse birgt eine unglaubliche Chance für die Pädagogik, die es zu nutzen gilt. Doch um diese Chance bestmöglich aufgreifen zu können, ist es wichtig zu verstehen, worin die Faszination an diesem Musikgenre eigentlich besteht.

Die Musikpädagogik geht davon aus, dass „Sprache, Musik, Bewegung [...] beim Menschen sehr eng geknüpft und untrennbar mit dem emotionalen Kontext der Situation verbunden [ist]" (Hirler 2009, S. 20). Die Schulung von Sprache, Musik und Rhythmik fördert unweigerlich auch die emotionale Konstitution des Kindes oder der/des Jugendlichen. Sprachförderung durch Rhythmik und Musik wird somit zu einer pädagogischen Methode im Erziehungsprozess von Kinder und Jugendlichen zu mündigen Gesellschaftsmitgliedern. Der positive Einfluss von Musik und die Anerkennung dieser Belege findet nicht zuletzt Ausdruck in dem Unterrichtsfach Musik. In Erzieher*innenschulen enthält das Curriculum die Musikpädagogik, und zahlreiche Freelancer bereichern in Aktionswochen und Workshops den musikpädagogischen Unterricht an staatlichen und privaten Schulen.

Da Rap eine musikalische Kunstform ist, sollte demnach die Verwendung von Rap in der Pädagogik den gleichen Argumenten folgen wie die Verwendung von Musik im Allgemeinen in der Pädagogik. Denn auch durch Rap findet eine sprachliche und rhythmische Schulung statt. Auch Rap trifft die emotionalen Belange von Kindern und Jugendlichen.

Ludwig Wittgenstein (1889–1951), einer der bedeutendsten Philosophen des 20. Jahrhunderts, formulierte in seinem *Tractatus logico-philosophicus* (logisch-philosophische Abhandlung) einmal: „Die Grenzen meiner Sprache bedeuten die Grenzen meiner Welt" (Wittgenstein 2003, S. 86). Dieses Zitat impliziert, dass die Sprache und das Sprachvermögen die Welt des Menschen darstellen kann. Durch diesen Gedanken ist es mir möglich, über die Sprache die Welt meines Gegenübers kennenzulernen und über Spracherweiterung die Grenzen der Welt zu erweitern. Rap ist ein primär sprachliches Medium und stellt eine Verbindung zwischen der Entwicklung von sprachlicher und musikalisch-rhythmischer Kompetenz her. Sprachschulung findet bei der Verwendung von Rap implizit statt und schult somit den Menschen als Ganzes.

Diese sprachlichen Möglichkeiten bieten andere Musikstile ebenfalls, jedoch bietet Rap in der Quantität der verwendeten Wörter eine größere Bandbreite an sprachlichen Auseinandersetzungen.

Der Soziologe Ayhan Kaya begründet sein Plädoyer für die Rap-Pädagogik mit den Wurzeln des Hip-Hops. In seinem Artikel *Rap-Pädagogik: Erziehung zur Kritikfähigkeit* geht er zunächst auf die Kulturidee des Rap ein. Nicht mehr die Sozialisationskultur sei entscheidend für den Rapper, sondern seine Identität in der Hip-Hop-Kultur. Er beschreibt, dass es den Vorwurf an Jugendliche zu geben scheine, sie hätten sich aus der Gesellschaft zurückgezogen und würden als von der Wirklichkeit abgekoppelt wirken. Insbesondere im Rap gebe es eine Tendenz, die reale Welt den Vorstellungen der Jugendlichen anzupassen und somit die Welt nicht real abzuzeichnen, sondern eine eigene, häufig überkriminalisierte Welt zu formen. Für Kaya ist dies ein primär politischer Akt. Die Jugendlichen, vornehmlich aus Migrantenfamilien oder schwacher sozialer Herkunft, gäben ihrer Perspektive auf die Welt eine Stimme und würden sich politisch mit den Umständen ihrer Milieus auseinandersetzen: „Die heutige Jugend ist in jüngster Zeit einigen Herausforderungen ausgesetzt, die von häuslicher Gewalt und Straßengewalt über tertiarisierungsbedingte ökonomische Lähmungserscheinungen und Sexualpolitik bis zur Privataufrüstung reichen" (Kaya 2015, S. 121).

Rap biete demnach eine künstlerisch-sprachliche Auseinandersetzung mit den Umständen ihres Lebensalltags und ein politisches Statement. Rap sei dabei in vielen Fällen eine Kritikform an dem politischen Alltagssystem und gebe jenen eine Stimme, die sonst keinen politisch-verbalen Einfluss haben. Aufgrund dieser Annahme von Rap sollten Lehrer „von den Schülererfahrungen lernen und diese in Philosophie und Praxis des Lernens einfließen lassen" (ebd.). Inzwischen habe Rap das Nischendasein aufgegeben und sei zur „repräsentativen Stimme der urbanen Jugend geworden" (ebd., S. 123) und gleichzeitig dazu eine Plattform, wo die eigene Identitätspolitik ausgeübt werden könne. Im Gegenzug zu der historischen Kultur- und Identitätsentwicklung des Rap habe sich in der Gesellschaft und hierbei vornehmlich im Schulalltag eine Entwicklung eingeschlichen, in der die Schüler*innen laut Kaya zum „Objekt des Kapitalismus" gemacht würden (ebd., S. 132).

Die Kinder und Jugendlichen seien nicht in der Schule, um sich kritisch zu äußern oder ihre Mündigkeit zu entwickeln, sondern um den Lernstoff aufzunehmen und auf Abfrage rezitieren zu können. Die Rap-Pädagogik würde jedoch eine künstlerische und kreative Form bieten, um die kritischen Positionen zu verbalisieren. Hierbei würde sie zwei Dinge miteinander verbinden, die in der Schule immer mehr unterdrückt würden: Kreativität und Kritik. Deswegen sollte nach Kaya die Rap-Pädagogik im Klassenraum Einzug erhalten: „Rap-Pädagogik ist darum bemüht, Schülern eine Stimme zu geben, damit sie ihre Kritik an der dominanten Kultur formulieren und ihre eigene Subkultur, ihren eigenen Stil, ihren Diskurs, kulturelle Formen und Identitäten bilden können" (Kaya 2015, S. 133).

In einem Interview mit der taz äußerte sich Olaf Sanders im Jahre 2008 bezüglich der Rap-Pädagogik etwas kritischer. Seine Befürchtung war es, dass durch den Einsatz von Rap im Unterricht die Themen nur noch verkürzt und undifferenziert betrachtet würden und man der Jugend ihre Kultur klaue und diese pädagogisiere. In dem Interview geht es um ein Rap-Projekt mit dem Namen Rapucation. In diesem Projekt werden aus den Lerninhalten des Rahmenlehrplans Rap-Texte produziert, damit sich die Kinder und Jugendlichen die Inhalte leichter merken können. Olaf Sanders kritisiert an dieser Vorgehensweise Folgendes: „[W]enn ich mir vorstelle, einer meiner Lehrer wäre mit einer Version von Pink Floyds *Another Brick in the Wall* im Unterricht erschienen, dass [sic!] als Text statt ‚We don't need no education / We don't need no thought control' ‚Durch Italien fließt der Po / Die Hauptstadt heißt Rom' enthalten hätte, hätte ich mich um meine Jugendkultur betrogen gefühlt" (www.taz.de/!5180406/).

Sanders beschreibt in diesem Interview jedoch auch, dass er zwar ein Bildungspotenzial im Rap sehe, allerdings darüber reflektiert werden sollte, dass man Jugendlichen auch etwas wegnehmen könnte, wenn man ihre Kultur als Methode oder Didaktik nutzt.

In den mehr als zwölf Jahren, in denen ich nun mit meinem Tuned-Jugendprojekt Rap Workshops an Schulen gebe, kamen mir immer wieder diskrepante Aussagen zu dem Einsatz von Rap an Schulen zu Ohren. Mir wurde vorgeworfen, dass ich die Rap-Kultur zerstöre und Hip-Hop und Rap auf die Straße gehören würden. Mir wurde aber auch lobend mitgeteilt, dass die Kinder und Jugendlichen noch nie so aufmerksam, kreativ und freudvoll gearbeitet hätten. Meine Erfahrung aus den letzten Jahren bringt mich zu der Meinung, dass Rap ein sehr gelungenes Medium für die pädagogische Arbeit ist.

Der Auffassung von Kaya kann ich einiges abgewinnen, allerdings bin ich nicht der Meinung, dass Jugendliche ihre politische Kreativität und Meinung erst durch Rap zum Ausdruck bringen können. Ich würde auch widersprechen, dass Rap ein Medium ausschließlich für sozial schwache Jugendliche sei. Ich denke eher, dass Rap inzwischen in allen sozialen Schichten und allen Ethnien vertreten ist. Natürlich kann Rap politische Statements formulieren, allerdings erscheint mir die freie, kritische Kreativität in der Anleitung eines Klassenlehrers fraglich. Meines Erachtens kann vielmehr die authentische, künstlerische Kreativität im Klassenraum geweckt und geschult werden. Ich teile auch die Meinung, dass Rap grundsätzlich politisch verstanden werden sollte und die Frage der Inhalte von Texten immer auf unsere gesellschaftlichen Umstände hin gedeutet werden kann. Die verkürzte Debatte über Gewalt in Rap-Texten sollte demnach um die politische Auseinandersetzung erweitert werden und häufiger auf uns selbst zurückführen.

Ausgehend davon, dass Rap eine Kunstform ist, verstehe ich Rap-Pädagogik als eine Motivations- und Aktivierungsmöglichkeit von Jugendlichen, die immer an der Kunstform Rap ansetzt und sie als Kunstform nutzt. Hierbei kann das Medium zur intensiven thematischen Auseinandersetzung von Themen genutzt werden und greift auf das Interesse der Kinder und Jugendlichen zurück.

Sanders Einwand kann ich in diesem Zusammenhang gut verstehen und trete entschieden dafür ein, dass Rap immer Rap bleiben soll. Das bedeutet aber nicht, dass er ausschließlich von der Straße kommen muss, sondern dass die Kunstform erhalten bleibt und nicht durch die pädagogische Idee eines gesprochenen Textes ersetzt werden darf.

Im Laufe meiner Arbeit haben sich als Argumente für die Verwendung von Rap in der Pädagogik drei Thesen herauskristallisiert, die ich im Folgenden beleuchten möchte.

1. Rap trifft das Interesse der Jugendlichen.
2. Rap spricht jugendlich.
3. Rap ist reproduzierbar.

5.1.1 Rap trifft das Interesse der Jugendlichen

In seinem Werk *Wie interpretiert man ein Gedicht?* spricht Hans-Dieter Gelfert davon, dass Gedichte affektiv-emotional aufgenommen würden (vgl. Gelfert 2002, S. 7). Das bedeutet: Ich lese oder höre ein Gedicht und es ergreift mich zunächst emotional. Noch bevor überhaupt ein Verständnis von oder eine Erklärung für diesen Umstand greift, steht der/die Konsument*in bereits in Beziehung zu dem Werk.

Ich würde weitergehen und behaupten, dass jedes Kunstwerk zunächst affektiv-emotional trifft und dann kognitiv reflektiert wird. Vor diesem Hintergrund ist Rap als Kunstwerk ein stimmungsbedienendes Medium, das die Stimmung der Jugendlichen in besonderem Maße trifft. Die Beats, eine Mischung aus harten und seichten Drumschlägen, die Melodieführungen von Geigen oder Pianos, sanft oder aggressiv. Die gesamte Instrumentalversion zaubert eine Hintergrundkulisse, die ausschließlich dazu dient, den Rap, das gesprochene Wort, in seiner Stimmung zu begleiten und eine Klangkulisse zu offenbaren, die den Hörer emotional trifft. Damit gelingt es dem Rap, das Interesse der Jugendlichen zu treffen, weil sich die Stimmung des Zusammenspiels von Rap und Musik so sehr mit der eigenen Stimmung des Jugendlichen deckt.

Dieses emotionale Aufgehen in der Musik lässt sich mit Identifikation übersetzen. Rap ermöglicht es als Stellvertreter den Jugendlichen, selbst zu agieren und ihre Emotionen und Gedanken künstlerisch zum Ausdruck zu bringen. Dabei ist Rap so facettenreich, dass er nahezu jede Stimmung ansprechen und zu jeder Stimmung passen kann. Die Spannweite der Emotionen, die Rap zu bedienen in der Lage ist, ist gänzlich unbegrenzt. Kool Savas kann einerseits aggressive Songs produzieren, in denen seine Stimme wie ein vernichtendes Maschinengewehr umherwütet, wie beispielweise in dem Song *Neongelb*, und gleichzeitig kann er romantisch, einfühlsam den Beat streicheln und seinen traurigen, tiefgründigen Pathos in den Vordergrund stellen wie beispielsweise in dem Song *Schau nicht mehr zurück* von Xavier Naidoo. Rap wird damit so vielseitig wie die Emotionsgeschichten der Jugendlichen selbst und kann als steter Begleiter für jede Emotion eingesetzt werden.

Gerade in der Zeit der Adoleszenz, des Erwachsenwerdens, sind Jugendliche in einem emotionalen Chaos gefangen. Werte verschieben sich und die sie umgebende Welt ordnet sich neu. In vielen Rap-Songs wird diese Grundstimmung aufgegriffen: Rebellion gegen die soziale Schicht, die Politik, die Elterngeneration und jegliche Form des Missverstehens. Gleichzeitig findet über diese Rebellion eine Allianz unter Gleichgesinnten statt. Rap spiegelt in seinem Wesen somit die emotionalen Ereignisse der Jugendlichen wider, was zu einem besonderen Interesse an der Musikrichtung führt.

Zu Recht ließe sich an dieser Stelle die Frage aufwerfen, ob dies nicht bei allen Musikrichtungen der Fall ist. Trifft nicht jede Musikrichtung den Geschmack der Kinder und Jugendlichen und spiegelt ihre emotionale Welt wider? Rap ist insofern besonders, als es eine explizite Sprache verwendet. Provokante Thesen werden unverhüllt zum Ausdruck gebracht und der Gebrauch von Jugendsprache nährt das Interesse an dem Musikstil. Diese Art des Sprechens, die auch dem Punk in den Siebziger- und Achtzigerjahren nachgesagt wird, macht Rap zu einer Besonderheit inmitten von musikalischen Genres.

Das führt mich direkt zu meiner zweiten These:

5.1.2 Rap spricht jugendlich

Die Grundlage für Rap ist das gesprochene, rhythmische Wort. Rapper benutzen zum Ausdruck ihrer Kunstform ihre Sprache.

Sollte dies die Ursache für die Faszination an Rap bei den Jugendlichen sein, so müsste die benutzte Sprache des Rappers überhaupt Jugendliche in besonderer Weise ansprechen, also insbesondere für ein jugendliches Publikum faszinierend sein. Diese Aussage erscheint zunächst banal, doch es lohnt sich, der Verbindung von Jugendkultur und der Sprache des Rap etwas genauer nachzugehen. Denn viele Worte aus dem Jugendsprachgebrauch sind im Rap wiederzufinden; das Interessante dabei ist jedoch, dass es zwischen Rap und den Jugendlichen einen wechselseitigen Sprachaustausch zu geben scheint.

Im Jahr 2016 kam nach langer Zeit voller Erwartungen das neue Album der Beginner auf den Markt. Die erste Singleauskopplung war *Ahnma* und wurde von Gzuz von 187 und Gentelam gefeatured – zu Deutsch unterstützt –, mit dem die Beginner schon häufig erfolgreiche Songs produzierten. Eine Textzeile in dem Refrain heißt: „Jeder sagt ‚digga' heutzutage" (Beginner, *Ahnma, Advanced Chemistry*, 2016). Tatsächlich ist das Wort „digga" zurzeit die vorwiegende Ansprechfloskel unter den Kindern und Jugendlichen. Schon in der Grundschule sprechen sich die Schüler mit „digga" an und auch am Gymnasium ist diese Ausdrucksform nicht selten anzutreffen.

Durch die Verwendung des Wortes zeigt der Rapper direkt die Nähe zu den Jugendlichen auf. Er versteht ihren Sprachslang und somit indirekt die Jugendlichen und ihre Gedanken. Beide, Künstler und Hörer, bewegen sich auf einer gemeinsamen Kommunikationsebene und verstehen sich gegenseitig. Noch in diesem Jahr wird das gemeinsame Album von Savas und Sido mit dem geschichtsträchtigen Titel *Royal Bunker* erscheinen. In der ersten Singleauskopplung heißt es auch hier: „Ich weiß noch, wie das alles begann, dikka / Was ich tat, wie das Ding hier entstand, dikka" (Savas & Sido, *Royal Bunker, Royal Bunker*, 2017). Auch hier greifen die Künstler auf die Sprachwendung des „dikka" zurück, mit der gleichen Absicht, wie die Beginner. Nur kurz soll hier angemerkt werden, dass die Berliner Wert darauf legen, dass sie nicht „digga", sondern „dikka" sagen.

Der Grund hierfür liegt unter anderem in der spannungsvollen Rapgeschichte zwischen Berlin und Hamburg und der undenkbaren Nachahmung einzelner Wortlaute. Die Jugendlichen ihrerseits haben durch die Sprachverwendung direkt das Gefühl, dass der Song für sie produziert wurde. Die Elterngeneration redet so nicht, versteht wahrscheinlich nicht mal die feinen Unterschiede in dieser Verwendungsweise des Wortes, und so schafft es der Song, über dieses einfache Wort, die Jugendlichen für sich zu begeistern und eine Distanz zur Elterngeneration zu erreichen. Gzuz und Savas greifen damit die jugendsprachlichen Phänomene auf und betten sie in ihren Song ein. Allein dadurch zollen sie der Jugend Respekt und geben ihr zu verstehen: „Dieser Song ist für euch gemacht, denn ihr versteht mich. So, wie ich auch euch verstehe."

Es gibt jedoch auch die umgekehrte Operation. Ein besonderes Augenmerk verdient hierbei der Rapper Haftbefehl. Mit seinem Song *Chabos wissen wer der Babo ist* (wobei „Chabos" für „Jungs" steht und „Babo" für „Anführer", „Leader" oder „Chef") brachte er 2012 ganz neue Vokabeln in den Mainstream-Wortgebrauch von Jugendlichen. 2013 wurde „Babo" sogar vom Langenscheidt-Verlag zum Jugendwort des Jahres gewählt. Somit hat das Wort, über die Hörer, den Einzug in die Jugendsprache gefunden. Diese beiden Darstellungen verdeutlichen recht gut, dass die benutzte Sprache von Rappern einen klaren Bezug zur Jugend hat und als Konsequenz dazu führt, dass das Interesse der Jugendlichen an der Musik sprachlich noch verstärkt wird.

Betrachtet man in diesem Zusammenhang nun ganze Sätze und Inhalte, so wird noch deutlicher, warum gerade Jugendliche so starkes Interesse an dieser Musik verspüren. Denn Rap greift auch inhaltlich vorwiegend die Lebenswirklichkeit von Jugendlichen auf. Die Fragen nach eigener Stärke und Platzierung im Freundeskreis und in der Gesellschaft, das Hinterfragen von Wertemaßstäben und Erwachen der eigenen Stimme im sozio-politischen Raum, das Empören über Ungerechtigkeiten und das Verletztsein über reale und soziale Umstände – all das sind Themen, die im Rap primär zu finden sind.

Aggressionen, Liebeskummer, Frustrationen sowie Hoffnung finden in den Liedern ihren Ausdruck und werden durch eine dem Rap typische, explizite Sprache zum Ausdruck gebracht. Inzwischen kann man sogar so weit gehen, zu behaupten, dass Rap auch die Sprache der Kinder spricht. Eine Bestätigung dieser Annahme wird durch das Rap-Trio Deine Freunde erbracht. Sie haben es sich auf die Fahne geschrieben, Texte für Kita- und Grundschulkinder zu produzieren, und sind damit sehr erfolgreich. Die Themen und die Wortwahl scheinen ein überzeugendes Medium für die Vermittlung von und das Interesse an Rap zu sein. Während die Jugendlichen ihre Identitätsfläche in den harten Raps der Gangsta-Rapper finden, fühlen sich Kinder durch die folgenden Textzeilen ausgedrückt und wahrgenommen: „Ihr seid die Besten / wenn die Ferien beginnen / und ich darf abends eine Stunde länger raus / die Gemeinsten, wenn ich noch gar nicht müde bin, / aber ihr sagt Tür zu, Licht aus" (Deine Freunde, *Die besten gemeinsten Eltern der Welt, Kindsköpfe*, 2015).

Mit diesen Zeilen treffen Deine Freunde die Lebenswirklichkeit der Kinder und formulieren ihnen ihre eigenen Gedanken komprimiert vor. Während des Konsums dieser Texte können nun die Kinder ihre eigenen Emotionen, Gedanken etc. in der Musik wiederfinden und dort entladen.

Rap spricht also die Sprache der Kinder und Jugendlichen. An dieser Stelle muss zudem angemerkt werden, dass Rap gerne auch den „Realitätsbogen" überspannt. Gerade im Bereich des Gangsta-Rap wächst die Form der Darstellung über die realen Umstände hinaus und der Inhalt überspitzt die Realität. Fragt man Rapper selbst dazu, so hört man häufig Argumentationen, die auf Provokation oder Verdeutlichung beruhen. Auch das Argument des Verkaufes wird häufig ins Feld geführt. An dieser Stelle greift erneut die Idee von Gelfert, dass Kunst primär emotional-affektiv trifft. Für die Hörerschaft mit aggressiver Attitüde wirken die aggressiven Texte des Gangsta-Rap und die harten Beats stimmig zu ihrer eigenen Gefühlswelt.

Vielleicht wäre die Frage nach der Grundlage der aggressiven Stimmung von Jugendlichen sozialpädagogisch wichtiger als jene, warum Rap gewalttätige Texte hervorbringt (vgl. Hofmann 2012).

Insgesamt lässt sich erkennen, dass die Inhalte deutscher Rap-Songs so vielfältig sind wie die Emotionalität von Kindern und Jugendlichen. Von Raps über *Block und Bleistift* (Blumentopf) bis hin zu *Stress ohne Grund* (Shindy feat. Bushido) ist fast jeder Inhalt umgesetzt worden und jeder findet im Rap ein Thema bearbeitet, das ihn persönlich angeht.

Oder, wie Eißfeldt es in einem seiner Songs dargestellt hat: „Mich hat die Musik erzogen / Noten waren unsere Pädagogen" (Eißfeldt, *God is a music, Blast Action Heroes*, 2003).

5.1.3 Rap ist reproduzierbar

Musik folgt einfachen Regeln: Es gibt rhythmische und tonale Vorgaben, nach denen sich Musik konzipieren lässt. Wenn Sie an ein Musikstück denken, dann werden Sie es auch mit Noten in Verbindung bringen können. Diese Noten sind die Niederschrift der Rhythmik und Tonalität eines Musikstückes. Rap lässt sich demnach auch in Noten niederschreiben, weil jede Silbe und jedes Wort im Rap eine bestimmte Länge in Bezug auf die Gesamtgeschwindigkeit des Songs haben. Gleichzeitig folgt unsere Sprache einer Melodie. Anders als beispielsweise in einem Rezitativ von Bach ist unsere Sprache melodiös frei. Die Betonungen von Worten und die Hebungen und Senkungen der Stimmenmelodie obliegen dem Gusto des Sprechers. Dieser eigene Geschmack wird allerdings durch soziale Sprach- und Melodieregeln eingeengt. Am Ende eines Satzes senkt sich beispielsweise die Sprachmelodie. Bei einer Frage hingegen wird sie gehoben. Wenn Sprache selbst mit Rhythmik und Melodie arbeitet, dann wäre es denkbar, Sätze so zu notieren, dass sie exakt reproduziert werden können. In der Reproduktion hätte die Sprache jedoch jede melodiöse Sprachfreiheit eingebüßt.

Für Rap gilt das Gleiche. Das Instrument des Rap ist die Sprache. Es ist demnach denkbar, dass ein notenkundiger Mensch einen Rap eins zu eins rhythmisch-tonal nachsprechen könnte, wenn dieser entsprechend notiert würde. Dies wäre eine Imitation oder eine Kopie des ursprünglichen Rap. Bisher habe ich nur rhythmisch notierte und keine tonal notierten Raps gefunden. Die rhythmische Notierung ergibt selbstverständlich vor dem Hintergrund der persönlichen Textinterpretation und der damit verbundenen individuellen Sprachmelodie Sinn. Bei der tonalen Notierung wäre die Mühe der Notierung im Verhältnis zum Gewinn sehr unausgewogen. Die Tatsache jedoch, dass sich Rap einer Gesangsmelodie entsprechend notieren ließe, zeigt auf, dass es sich bei Rap tatsächlich um eine Musikform handelt, einen Sprechgesang, wie bereits in 4.2 geklärt, und der Rapper sein Sprachinstrument auf den vorgegebenen Beat spielt. Doch während in der klassischen Musik jede Note eine klare Länge und Tonhöhe besitzt, verhält es sich beim Rappen weniger starr. Es obliegt der Interpretin bzw. dem Interpreten selbst, welche Rhythmik sie oder er benutzen möchte oder welche Tonalität ihre bzw. seine Sprache einnimmt. Gleichzeitig folgt die Rhythmik den Regeln der Taktung des Beats.

Für Kinder und Jugendliche ist diese Herangehensweise an Rap eher untypisch. Wenn sie rappen, dann tun sie das völlig losgelöst von dem Wissen, dass hinter den Worten ein Rhythmik- oder gar Notensystem steht. Sie hören einfach einen Rap mehrmals, sprechen diesen dann mit und übernehmen so die Rhythmik des Rap.

Und genau in diesem Punkt liegt die Besonderheit von Rap. Während für das Musizieren auf Musikinstrumenten Jahre benötigt werden, bis diese tatsächlich gespielt werden können, wird für Rap zunächst nur die eigene Stimme benötigt, um auch komplexe Raps zu rappen. Bei Musikinstrumenten dienen die ersten Jahre dazu, das Noten- und Musiksystem zu verstehen, das Instrument beherrschen zu lernen und dieses anhand von bereits geschriebenen Stücken zu trainieren. Bei Rap hingegen kann dieser Schritt übersprungen werden. Denn jeder, der sprechen kann, ist im Prinzip in der Lage, das Instrument für den Rap zu spielen. Selbst im Verhältnis von Gesang und Rap liegt die einfachere Reproduzierbarkeit bei Rap. Während für Gesang ein tonales Verständnis benötigt wird, die Fähigkeit, Tonhöhen zu erzeugen und diese in dem Kontext der Instrumentierung wiederzugeben, ist die primäre Voraussetzung für Rap das Sprechen. Selbstverständlich ist es auch hier notwendig, rhythmisch zu hören, jedoch ist die Möglichkeit des Musizierens deutlich schneller gegeben, als es bei Gesang oder bei Instrumenten der Fall ist.

Durch diese schnelle Reproduzierbarkeit können Kinder und Jugendliche Rapstrophen schnell imitieren und die Fähigkeit der eigenen Umsetzung eines Rap erlernen. Die Schwelle der Angst vor Nachahmung wird dadurch sehr niedrig gehalten und die Eigenmotivation der Kinder und Jugendlichen gestärkt. Gerade durch die schnellen Erfolge und Fortschritte wird der Spaß am Musizieren aufrechterhalten, und für die Kinder und Jugendlichen ist es sehr einfach, einzusteigen bzw. mitzumachen.

Aber nicht nur die Rhythmik des Rappers kann schnell reproduziert werden. Dadurch, dass sich Rap primär mit Sprache und Inhalten beschäftigt, ist es den Hörern auch möglich, die Worte zu wiederholen und diese in Kombination mit der entsprechenden Rhythmik an den Ursprungsrap anzulehnen. Vor diesem Hintergrund wird abermals deutlich, warum Rap eine so große Faszination bei Jugendlichen auslöst. Die Fähigkeit der Reproduktion kann autodidaktisch ebenso gut erlernt werden wie durch Anleitung.

Der entscheidende Mehrwert bei Rap scheint mir zu sein, dass es eine permanente Steigerungsmöglichkeit und Perfektionierung der bereits erworbenen Fähigkeiten gibt. Auch die Selbstkreation und -verwirklichung, die als Weiterführung der Imitation verstanden werden darf, trägt eine solche Entfaltungsmöglichkeit in sich, dass es Kinder und Jugendliche antreibt, immer den nächsten Schritt gehen zu wollen, um sich stetig weiter zu verbessern, weitere neue Rhythmik- und Reimfiguren zu entwerfen und schließlich eine Form zu finden, die anderen zu kopieren schwerfällt.

So ist beispielsweise das Double-Time (doppelt so viele Worte wie gewöhnlich in einer Textzeile) eine rhythmische Variante, die Jugendliche unglaublich fasziniert. Künstler wie Spongebozz oder Kollegah, die diese Variante gut beherrschen, werden aus eben diesem Grund besonders verehrt.

5.2 Darum Rap in der Pädagogik

Pädagogische Arbeit scheint dort besonders gut zu gelingen, wo die Beziehungsebene von Pädagoginn*en und Klienten ausgeprägt ist. In der sozialpädagogischen Praxis gilt der Grundsatz, dass der Klient dort abgeholt werden soll, wo er sich befindet, um einen bestmöglichen Anknüpfungspunkt gewährleisten zu können.

Dieser Ansatz geht auf Carl Ransom Rogers (1902–1987) zurück, ein Psychologe und Psychotherapeut, der mit seinem **Personenzentrierten Ansatz** eine neue Technik in der Gesprächsführung markierte. Dieser **Personenzentrierte Ansatz** findet auch in anderen pädagogischen Bereichen fortwährende Zustimmung. In den Unterrichtsentwürfen von angehenden Lehrer*innen finden sich sogenannte **Lerngruppenanalysen** und eine **individuelle Kompetenzentwicklung für Schüler*innen** wird erstellt. Mit diesen Vorüberlegungen zu den Unterrichtsstunden wird gewährleistet, dass der Unterricht am Interesse der Jugendlichen konzipiert und der Inhalt an den Bedarfen der Schüler*innen ausgerichtet wird. Gerade die Frage nach dem Interesse der Schüler*innen nimmt hierbei eine bedeutende Rolle ein. Im Schulwesen spricht man in diesem Zusammenhang von dem **schülerzentrierten Ansatz**.

Die Grundidee dieses Ansatzes lässt sich wie folgt zusammenfassen: Schüler*innen müssen für den Lernstoff offengehalten werden, damit er sie erreicht. Als Vermittler des jeweiligen Lernstoffes fungieren die Lehrkörper einer Einrichtung. Ihnen fällt die Aufgabe zu, die Kinder und Jugendlichen für den Lernstoff geöffnet zu halten. Die Beziehungsebene nimmt hierbei eine zentrale Stellung ein. Dort, wo der Lehrkörper Wohlwollen, Empathie und Verständnis ausstrahlt, fühlen sich die Schüler*innen als Personen angenommen und anerkannt und können sich dem Unterrichtsstoff gegenüber besser öffnen.

Die Qualität der Beziehung zwischen (Lehr-)Person und (Lern-)Person ist der wichtigste und zentrale Wirkfaktor in allen pädagogischen Bemühungen. Die vielfältigen Unterrichtsmethoden sind dazu selbstverständliche Hilfsmittel (vgl. Gutberlet 2013, S. 24). Für den Aufbau einer guten Beziehung zu seinen Schüler*innen oder Klienten ist zu wissen, wo ihr Interesse liegt, und an diesem und mit diesem zu arbeiten.

Rap trifft das Interesse von Kindern und Jugendlichen, und gerade deswegen liegt in der Arbeit mit Rap eine große Chance, die es unbedingt zu nutzen gilt. Die Arbeitsmöglichkeiten mit Rap sind vielfältig und gleichzeitig immer am Interesse der Kinder- und Jugendgruppen orientiert, sodass sich aus der Materie heraus eine Beziehungsebene gestalten lässt, von der alle Beteiligten maximal profitieren können.

Die Nachfragen nach meinen Workshops steigen seit einigen Jahren kontinuierlich an, woraus sich schließen lässt, dass die pädagogischen Fachkräfte den Mehrwert von Rap erkannt haben. Immer häufiger melden sich Studenten*innen der Sozialen Arbeit bei mir und bitten um Interviews für ihre Abschlussarbeiten. In Schulworkshops wird mir von Lehrer*innenseite häufig bestätigt, dass Rap die Kinder und Jugendlichen thematisch öffnet und spielerisch mit Sprache hantieren lässt. Dies ist ein Zeichen dafür, dass auch die pädagogische Praxis immer öfter mit Rap experimentiert und die Vorteile von Rap in der pädagogischen Arbeit erkannt hat.

Die unterschiedlichen Gründe, weswegen Rap in die Pädagogik Einzug halten sollte, sind bereits in den vorherigen Absätzen beschrieben, doch das für mich entscheidende Argument wurde bisher noch nicht erwähnt. Und dieses lautet: Rap mach Spaß!

Neben allen pädagogischen Überlegungen und theoretischen Auseinandersetzungen ist die Kunstform Rap in ihrer Umsetzung freudvoll. Während meiner Workshops erlebe ich Kinder, die noch nicht einmal schreiben können und mit Reimen und Sätzen jonglieren. Ich erlebe Grundschüler*innen und Oberschüler*innen, die lustvoll nach dem richtigen Ausdruck suchen und den Klassenraum mit einigen Raps auf den Lippen verlassen. Ich erlebe Geflüchtete, deren deutsches Vokabular eingeschränkt ist und die Texte freudig rezitieren und sich Sprachmelodien rhythmisch erschließen. Ich sehe Gruppen von Menschen mit Beeinträchtigung, die mit so viel Spaß immer wieder die gleichen Worte rappen, bis sie sich schließlich flüssig sprechen lassen. Dieser Spaß ist es, der die Kinder und Jugendlichen motiviert, fordert und fördert und sie intrinsisch antreibt.

Die Verbindung von pädagogischem Aufbau und Spaß mit den Kindern und Jugendlichen scheint mir der geeignete Weg zu sein, um Rap in der Pädagogik zu etablieren. Dem alleinigen Rappen fehlte die zielgerichtete, pädagogische Intention, der reinen pädagogischen Arbeit fehlte der Spaß.

Gerade das rechte Maß an Pädagogik, Erziehung, Rap und Kunst halte ich für den geeigneten Weg der Rap-Pädagogik. Wie die Arbeit mit Rap nun ganz praktisch aussehen kann, möchte ich im zweiten Teil meines Buches genauer erläutern.

2 Rap-Workshops

Teil II meines Buches baut nicht direkt auf Teil I auf und kann somit isoliert gelesen werden. Theoretische Kenntnisse über Hip-Hop und Rap sollten jedoch für die Umsetzung eigener Workshoparbeiten vorhanden sein und können bei Bedarf Teil I entnommen werden.

In diesem Teil meines Buches möchte ich einige meiner didaktischen und methodischen Vorgehensweisen anhand eines exemplarischen Rap-Workshops detaillierter darstellen. Diese Darstellung soll es Ihnen ermöglichen, den gesamten Aufbau eines Rap-Workshops, oder einzelne methodische Teile daraus, für Ihre eigene pädagogische Arbeit zu verwenden.

Die hier dargestellte Vorgehensweise ist im Laufe von zehn Jahren praktischer Erfahrungen mit Rap-Workshops in Schulklassen, Jugendeinrichtungen, Kindergärten, Kitas und Fortbildungsinstituten entstanden. Während einige der hier niedergeschriebenen Übungen und Methoden linear aufeinander aufbauen (insbesondere Übungen 4–8), können andere losgelöst von den vorangegangenen Kapiteln verwendet werden.

Es empfiehlt sich jedoch, die Entscheidung über die kombinierte oder isolierte Verwendung der einzelnen Methoden und Übungen erst nach Kenntnis aller Kapitel zu fällen.

Der hier vorgestellte Ablauf eines Rap-Workshops soll primär als Leitfaden gelten und möchte nicht davon abhalten die beschriebenen Methoden oder Übungen zu erweitern oder zu verändern. Er bietet jedoch auch die Möglichkeit, den gesamten Ablauf zu übernehmen und Rap effizient in die pädagogische Arbeit einzubinden.

Der exemplarische Rap-Workshop ist für eine Gruppengröße von 8 bis 12 Teilnehmer*innen konzipiert. Das Ziel des Workshops soll es sein, einen eigenen Rap-Song zu schreiben und diesen bestenfalls aufzunehmen. Damit Sie sich in der Vorbereitung oder zur Unterstützung Ihrer Arbeit mit Rap-Workshops von der Bandbreite, der Qualität und dem Potenzial der Texte von Kindern und Jugendlichen überzeugen können, habe ich an wichtigen Stellen Arbeitsbeispiele eingefügt. Für die Ergebnisse ganzer Workshops verweise ich auf den YouTube-Kanal meines Tuned-Jugendprojektes: www.youtube.com/user/tunedjugendprojekt.

Bitte denken Sie bei der Durchführung der Workshops stets daran, dass Rap eine Kunstform ist, die an Authentizität verliert, wenn sie nur instrumentell oder plakativ eingesetzt wird. Prüfen Sie daher bei allen Übungen und Methoden, ob Sie sich in der Lage fühlen, diese authentisch zu vermitteln und nehmen Sie Abstand davon, Rap losgelöst von seinem künstlerischen Anspruch zu benutzen.

Übung 1: Was wissen die Kinder und Jugendlichen über Rap?

Dauer:	15–20 Minuten
Vorbereitung:	Beschäftigung mit Hintergründen und möglichen Schlagwörtern von Rap und Hip-Hop
Durchführung:	Gruppenarbeit mit anschließender Diskussion
Material:	Stifte, Papier, Tafel oder Flipchart
Methode:	Frontalunterricht/Gruppenarbeit
Ziel:	Spielerische Überprüfung des Wissenstands der Gruppe

Um den Wissenshintergrund der Gruppe besser erforschen zu können, empfiehlt es sich, zu Beginn des Workshops ein kleines Spiel zu initiieren, bei dem die Kinder und Jugendlichen ihr Wissen über Rap sammeln und notieren.

Hierzu wird die Gesamtgruppe in jeweils zwei gleichgroße Kleingruppen aufgeteilt. In jeder der zwei Kleingruppen wird nun ein Schriftführer gewählt, dessen Aufgabe darin besteht, alle Begriffe niederzuschreiben, die von der Gruppe während des Spiels genannt werden. Die Aufgabe für die gesamte Gruppe besteht darin, alle Begriffe zu sammeln, die ihrer Meinung nach typisch für Rap sind. Die Kinder und Jugendlichen bekommen für diese Aufgabe 15 bis 20 Minuten Zeit. Anschließend werden die Begriffe abwechselnd vorgelesen und Punkte für jeden „richtigen Begriff" vergeben. Hierbei entscheidet die pädagogische Fachkraft, welche Begriffe tatsächlich dem Hip-Hop zugeordnet werden können. Das ermöglicht es, Punkte für vertieftes Fachwissen zu vergeben (z. B.: „Nenne drei Songtitel des Rappers x oder y.") Sollte ein Begriff von beiden Gruppen notiert worden sein, wird der Begriff bei beiden gestrichen und es gibt keinen Punkt. Im Vorfeld des Spiels sollte erwähnt werden, dass die eine Gruppe der jeweils anderen Gruppe Punkte streichen kann, wenn sie deren Begriffe hört und ebenfalls notiert, damit die Kinder und Jugendlichen auf ihre Lautstärke achten.

Anhand der nun vorgelesenen Begriffe ist es leicht, einen Einblick in den Wissenshorizont der Gruppe zu erhalten. In der Regel fallen nach diesem Spiel diverse Namen verschiedener Rapper. Diese Namen sind ein Indiz für die Art des Rap, der von den Teilnehmer*innen gehört wird. Das Aussehen der Rapper wird häufig detailliert, von Cappies über Goldketten, beschrieben. Diese Aussagen geben einen Einblick in die Wahrnehmung darüber, wie Rap-Kultur sich den Kindern und Jugendlichen darstellt. Auch Begriffe wie „Ausdrücke" oder „Mikrofon" stehen häufig auf den Listen und geben einen Einblick in die Texte, die von den Teilnehmer*innen gehört werden. Während also die Teilnehmer*innen mit diesem Spiel ein tatsächliches Spielen gegen die andere Gruppe verbinden, kann die pädagogische Fachkraft erste Rückschlüsse auf die Gruppe und ihre Hörgewohnheiten ziehen.

Erweiterung

Dieses Spiel lässt sich erweitern, indem die Begriffe zusätzlich den Rückfragen der pädagogischen Fachkraft standhalten müssen. So ließe sich bei allen erwähnten Rappern jeweils nach drei Songtiteln fragen. Das Aussehen der Rapper und die Einzelbegriffe ließen sich durch die Nachfrage der Exklusivität für Rap konkretisieren. Das könnte weitere Informationen über die Hörgewohnheiten und das Wissen der Gruppe offenlegen und gleichzeitig die Möglichkeit des Punktediebstahls durch die jeweils andere Gruppe mit sich bringen. Sollte eine Gruppe die Fragen nicht recht beantworten können, so geht die Frage an die andere Gruppe. In den Workshops führt diese Erweiterung häufig dazu, dass beide Gruppen über die „Sammelphase" hinaus aktiv bleiben, weil die Konkurrenzsituation aufrecht erhalten bleibt. Der Sieger des Spiels ist die Gruppe mit den meisten Punkten. Auch die pädagogische Fachkraft profitiert von diesem Spiel: Sie erarbeitet einen besseren Einblick in den Wissenshintergrund der Gesamtgruppe.

P

Pädagogische Idee

Dieses Spiel bietet einen guten Einstieg in einen Rap-Workshop, weil es so viele Dinge miteinander verbindet. Zum ersten kommen die Kinder und Jugendlichen in kleinen Gruppen zusammen und arbeiten gemeinsam an einer Sache. Jede*r in der Gruppe ist mitverantwortlich, dass die Gruppe insgesamt positiv abschneidet. Das stärkt das Gruppengefühl der Kleingruppe, was zu einem späteren Zeitpunkt des Workshops noch einmal wichtig werden könnte. Zum zweiten wird eine Konkurrenzsituation forciert, die dazu führt, dass die Teilnehmer*innen einen zusätzlichen Motivationsanreiz bekommen. Diese Konkurrenzatmosphäre war es schließlich auch, die Hip-Hop immer wieder begleitet. So führen die Kinder und Jugendlichen hier ein kleines „Battle" mit Begriffen durch. Zum dritten erhält die pädagogische Fachkraft einen breiten Gesamtüberblick über die verschiedenen Kenntnisse der Kinder und Jugendlichen zu dem Thema Rap. Nicht nur, dass die Begriffe und die Nachfragen Aufschluss über den Wissenshorizont geben; bereits während der „Sammelphase" lässt sich beobachten, dass sich einige Teilnehmer*innen sehr aktiv in die Gruppe einbringen und andere etwas zurückhalten.
Am wichtigsten scheint mir jedoch, dass die Kinder und Jugendlichen mit Spaß aneinander lernen und sich gegenseitig stützen müssen. Die Nachfragen der pädagogischen Fachkraft zwingen die Teilnehmer*innen dazu, gemeinsame Antworten zu geben und sich füreinander zu verantworten. Gleichzeitig erfahren sie auch, dass sie in ihren Aussagen ernst genommen und gerade deshalb immer wieder hinterfragt werden.

Übung 2: Die Hip-Hop-History

Dauer:	30–60 Minuten
Vorbereitung:	Vermittlung des geschichtlichen Hintergrunds und der Entstehung von Rap und Hip-Hop
Durchführung:	Geschichtlicher Abriss mit Tafelbild und Anekdoten
Material:	Tafel oder Flipchart, ggf. typische Materialien des Hip-Hop
Methode:	Frontalunterricht
Ziel:	Verständnisentwicklung der ursprünglichen sozialen und politischen Verantwortung von Hip-Hop

„Was ist eigentlich der Unterschied zwischen Hip-Hop und Rap?"

Mit dieser Frage kann die pädagogische Fachkraft an das eben durchgeführte Spiel anschließen. Während die Kinder und Jugendlichen Rapper und ihre Titel problemlos benennen konnten, wird es zu dieser Frage einige interessante Aussagen geben.

„Rap ist schneller als Hip-Hop."

„Hip-Hop ist Tanz und Rap ist Singen."

„Rap ist eher böse und Hip-Hop ist nett."

Das sind einige Antworten, die mir in meinen Workshops immer wieder begegnen.

Nur sehr selten kommt es vor, dass ein Kind oder ein*e Jugendliche*r tatsächlich den Unterschied zwischen Rap und Hip-Hop benennen kann, weswegen ein kurzer Abriss der Hip-Hop Geschichte ein notwendiger Bestandteil eines Rap-Workshops sein sollte.

Es empfiehlt sich, hierzu eine Tafel, ein Smart Board oder ein ähnliches Medium zu benutzen, um die Frage auch visuell zu beantworten. Auf die rechte Seite des entsprechenden Mediums wird das Wort „Hip-Hop" geschrieben und unterstrichen. Dies verrät bereits, dass es sich um eine Überschrift handelt und dass unter diesem Wort weitere folgen werden.

Als nächstes zieht die pädagogische Fachkraft, klar abgetrennt von dem Wort „Hip-Hop", einen waagerechten Strich über die Mitte der Tafel, versieht das rechte Ende mit einer Pfeilspitze und schreibt das aktuelle Jahr an die Spitze des Pfeils:

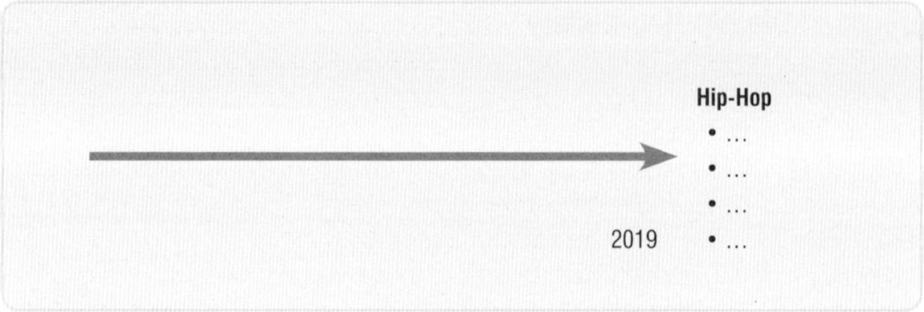

Mit der Erklärung, dass es sich hierbei um einen Zeitstrahl handelt, wird nun der Frage nachgegangen, wann denn Rap entstanden sein könnte. Die Schätzungen der Kinder und Jugendlichen zu dieser Frage sind erstaunlich vielfältig. Sie reichen häufig vom frühen Mittelalter bis hin zu 2005 oder später. Ich bin immer wieder erfreut darüber, diese Antworten zu hören, bestätigten sie mich doch ein weiteres Mal, dass es notwendig zu sein scheint, die Geschichte darzustellen. Für die meisten Kinder und Jugendlichen scheinen diese Jahreszahlen abstrakte Zahlen zu sein, denen sie kein besonderes historisches Ereignis zuordnen können, weswegen ihre Schätzungen auch keine direkten zeitlichen Vorstellungen offenbaren. Aus diesem Grund hilft es, einige historische Ereignisse oder Personen mit den Jahreszahlen zu verknüpfen.

Sätze wie: „1517, hier schlug Luther die Thesen an die Schlosskirche zu Wittenberg", oder: „Meinst du, dass Mozart gerappt hat?" helfen den Kinder und Jugendlichen eine bessere Vorstellung von der Zeitgeschichte zu entwickeln. Es ist nur eine Frage der Zeit, bis sich die Schätzungen dem tatsächlichen Entstehungsjahr von Rap annähern und dem Ursprung des Zeitstrahls circa 1975 zugeordnet werden können.

Der Ort der Entstehung ist deutlich schneller ausgemacht. Fast immer gibt es jemanden in der Gruppe, der die Vereinigten Staaten von Amerika als Geburtsland und New York als Geburtsort benennen kann. Dass Hip-Hop sich zuallererst in der Bronx entwickelte, ist hingegen deutlich seltener bekannt, wird jedoch durch Netflix-Produktionen wie *The Get Down* oder *Hip-Hop Evolution* immer prominenter (deutschsprachige Erstausstrahlung jeweils 2016). Der Zeitstrahl wird nun um „USA, New York und Bronx" erweitert.

Um den Jugendlichen deutlich zu machen, wie das Leben in der Bronx zu dieser Zeit war, werden nun verschiedene Anekdoten der Zeit erzählt (siehe Teil I). Und immer wieder wird das Interesse der Kinder und Jugendlichen über einige witzige Darstellungen der Zeit aufrechterhalten. Da Kinder und Jugendliche sehr genau zeigen, wie es um ihre Aufmerksamkeit steht, ist es möglich, an dieser Stelle die Länge der Erzählungen an den Teilnehmer*innen zu orientieren. Namen wie Grandmaster Flash und Kool DJ Herc sollten fallen. Taki 183 und Block-Partys werden erwähnt. Die Baggy-Pants und Breakdance-Kultur dargestellt und schließlich auch der MC und seine Herkunft genauer ausgeführt.

Mit jedem Erzählstrang tut sich etwas an der Tafel. Unter den Begriff Hip-Hop werden im Laufe der Ausführungen vier weitere Begriffe geschrieben. Wenn über die DJs, ihre Turntables, die Breakbeats und die Block-Partys geredet wird, schreiben Sie unter Hip-Hop „DJ". Wird über die B-Boys, die Pappplatten und ihre Tanzstile berichtet, folgt das Wort „Breakdance". Bei der Erklärung der MCs und der Wortakrobaten folgt das Wort „Rap" und schließlich bei den Sprühern das Wort „Graffiti":

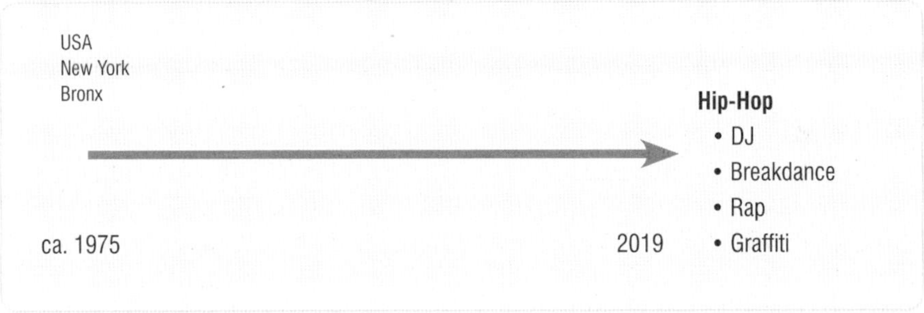

An der Tafel lassen sich nun die vier Grunddisziplinen des Hip-Hops ablesen – wobei von Disziplinen aufgrund des sportlichen Gedankens des sich miteinander Messens die Rede ist. Diese können direkt mit der Jahreszahl 1975 und dem Ort des Geschehens in Verbindung gebracht werden.

„Was ist eigentlich der Unterschied zwischen Hip-Hop und Rap?"

Die erneute Fragestellung führt nun zu neuen Aussagen und einige der Kinder und Jugendlichen erkennen mithilfe des Tafelbildes, dass es sich bei Rap um eine Disziplin des Hip-Hops handelt. Die pädagogische Fachkraft kann dies nun aufgreifen und eine gültige Aussage und Antwort auf die Frage geben, die in etwa so lauten könnte:

„Hip-Hop ist die Kultur. Rap ist ein Teil dieser Kultur. Ebenso wie DJing, breaken und graffen/writen."

Die zu Beginn gestellte Frage ist somit beantwortet und auch die Kinder und Jugendlichen können verstehen, dass Rap und Hip-Hop kulturell zusammenhängen, aber nicht über die Geschwindigkeit, die Melodie oder gar Nettigkeit der Aussagen voneinander unterschieden werden.

An dieser Stelle wird oft die Frage gestellt, wann denn Rap nach Deutschland kam. Diese Frage lässt sich gut in Verbindung mit der Frage nach der ersten deutschen „Rap-Stadt" verknüpfen. Auch wenn diese nicht von den

Teilnehmer*innen gestellt wird, ist es interessant, diese Frage an die Kinder und Jugendlichen zu richten.

In den meisten Fällen wird die Frage mit „Berlin" beantwortet. Ausgehend davon, dass Berlin die meisten Einwohner Deutschlands hat, die Bundeshauptstadt ist und gleichzeitig zahlreiche Rap-Größen aus Berlin kommen, schlussfolgern die Kinder und Jugendlichen, dass Rap nur hier seine Entstehung in Deutschland haben könnte.

Berlin wird nun an den Zeitstrahl geschrieben. Jedoch nicht, wie erwartet, an den Anfang, also neben USA und New York, sondern ans Ende des Zeitstrahls, kurz vor das Jahr 2019. Sofort wird deutlich, dass Berlin nicht die erste „Rap-Stadt" sein kann und die Kinder und Jugendlichen sind zum Spekulieren weiterer Städte eingeladen.

In der Regel fallen nun alle großen Städtenamen Deutschlands. Ab und an verirrt sich auch ein Bundesland in die Spekulationen, aber noch nie habe ich die Stadt Heidelberg in Zusammenhang mit der oben gestellten Frage gehört. Da es sich hierbei jedoch um die erste deutsche „Rap-Stadt" handelt, wird nun Heidelberg neben USA und New York geschrieben und mit der Frage verbunden, wann denn Rap nach Deutschland gekommen sei. Nachdem nun unter der Stadt Heidelberg „circa 1985" geschrieben steht, wird der Zeitstrahl mit weiteren Städtenamen und einigen Künstlern aus den jeweiligen Städten ergänzt (Heidelberg: Advanced Chemistry, Torch; Stuttgart: Die Fantastischen Vier; Frankfurt: Rödelheim Hartreim Projekt; Hamburg: Absolute Beginner, Samy Deluxe; Berlin: King Kool Savas, Sido, Bushido):

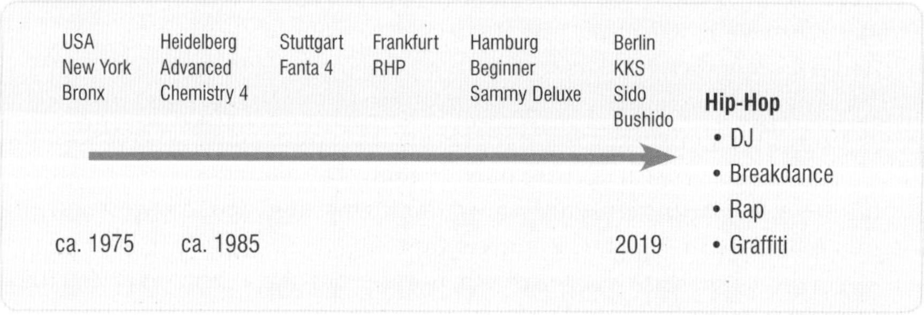

Tipp

In diesem Zusammenhang sollte nicht unerwähnt bleiben, dass es sich bei den Fantastischen Vier nicht um die ersten deutschen Rapper handelt, wie es häufig fehlerhaft kommuniziert wird. Diese Meinung wurde mir häufiger von Lehrerseite entgegengebracht oder auch an die Kinder und Jugendlichen vermittelt.

Erweiterung

Anhand der Städte ist es nun zusätzlich noch möglich, die Veränderungen der Formen des Rap im Laufe der Zeit zu spezifizieren. Denn während in Heidelberg die Rapper häufig politisch und gesellschaftskritisch waren, zeichnen sich Stuttgarter und Hamburger, in den Anfängen ihres Rap, primär durch die Vermittlung von Spaß und guter Laune aus. In Frankfurt wurde mit dem Rödelheim Hartreim Projekt der harte, aggressive Rap produziert. Und mit Berlin wurde der derbe, dreckige und gewalttätige Rap berühmt. Hier bietet es sich auch an, die vorgestellten Rapper und ihre Unterschiede mit einigen Hörbeispielen zu präsentieren. *Fremd im eigenen Land* (Advanced Chemistry, 1992) beispielsweise repräsentiert sehr gut den Anspruch von Rap aus der Heidelberger Zeit, während *Nordisch by Nature*

P

Pädagogische Idee

Die Darstellung der Rap-Geschichte hat in dem Kontext des gesamten Workshops eine wesentliche Bedeutung. Zuallererst wird den Teilnehmer*innen deutlich, dass Rap eine weitreichende Geschichte prägt und einer eigenen Entwicklung unterworfen ist. Auf diese Weise lernen die Kinder und Jugendlichen kulturelle Zeitgeschichte kennen. Die Vielzahl der Anekdoten und die mannigfaltigen Anknüpfungspunkte an die eigene Lebenswelt machen diese Geschichte zu einem einprägsamen Kulturerlebnis.

Gleichzeitig allerdings wird auch deutlich, dass Rap in Deutschland, zu Beginn seiner Ausprägung, eine soziale, kritische, gesellschaftsrealisierende Bedeutung hatte und die ersten Rapper ihre Textaussagen als Darstellung der Wirklichkeit wahrnahmen. Ungeachtet der Tatsache, dass in diesem Zusammenhang kein Geld floss, war es Passion, die die Rapper antrieb.

Diesem Umstand begegnen die Kinder und Jugendlichen häufig mit dem Kommentar: „Wieso machen die das, wenn es kein Geld gibt?" Genau hierin entfaltet sich die Idee des Workshops, etwas schaffen zu können, das nicht primär auf eine Entlohnung fokussiert ist, sondern den Ausdruck der eigenen Gefühlswelt in das Zentrum der Betrachtung stellt.

Genau in dieser Frage drückt sich jedoch auch aus, dass die Kinder und Jugendlichen die Grundethik des Rap nur schwer nachvollziehen können. Stattdessen kennen sie Rapper als gutverdienende, mit Aufmerksamkeit ausgestattete Individuen, die ein Image vertreten und häufig Zustände überspitzen.

Genau hierin liegt die Chance für den weiteren Aufbau des Workshops: Das Abbilden eines Images ist eine konstruierte Kunstform. Ist den Kindern und Jugendlichen dieser Unterschied verdeutlicht worden, kann man darauf aufbauend eine Brücke zum eigenen Texteschreiben schlagen und darauf aufmerksam machen, dass es in diesem Workshop um die individuelle Meinung und nicht um eine „Erwartungsmeinung" geht.

(Fettes Brot, 1995) oder *Füchse* (Absolute Beginner, 1999) die Hamburger Mentalität deutlich unterstreichen.

Berichtet man über die Anfänge der Hip-Hop-Kultur in Deutschland, die Cyphers und Jams und die Veranstaltungen in diversen kleinen Jugendclubs, so wird deutlich, dass es sich auch in Deutschland primär um eine Passion gehandelt hat. Die Kultur des Hip-Hops in Deutschland hatte in ihren Anfängen keine kommerziellen Wünsche, sondern wollte die Gesellschaft spiegeln und ihr Leben in Deutschland kreativ zum Ausdruck bringen.

Auch wenn die „Geschichte des Deutschrap" verkürzt dargestellt wird, reicht es doch aus, um auf zwei wichtige Dinge aufmerksam zu machen.

1. Rap war in den Ursprüngen kein Gangsta-Rap, sondern politisch und gesellschaftskritisch.
2. Rap war nicht kommerziell ausgerichtet.

Mehrwert

Die Kinder und Jugendlichen wissen nun die Entstehung des Rap zeitlich einzuordnen. Sie kennen die vier Grunddisziplinen des Hip-Hops und wissen, dass Hip-Hop der kulturelle Oberbegriff zu DJing, Rap, Breakdance und Graffiti ist. Außerdem haben sie einen groben Überblick über die verschiedenen Rap-Stile und ihre Entwicklung innerhalb Deutschlands erworben. Darüber hinaus konnte man ihnen eine Hilfestellung geben, sich historisch etwas besser zu orientieren. Für einige Kinder und Jugendlichen könnte es überhaupt einen ersten Anker dafür darstellen, ein gutes Verhältnis zu Geschichte und zeitlichen Intervallen zu entwickeln.

Übung 3: Der Beat

Dauer: 15–30 Minuten
Vorbereitung: Vermittlung rhythmischer Grundkenntnisse für das Rappen
Durchführung: Zähl- und Bewegungsspiele
Material: Beats, Abspielgerät, Tafel oder Flipchart
Methode: Plenum
Ziel: Verständnisentwicklung der Taktung von Beats und ihre unterschiedlichen Geschwindigkeiten und Stimmungen

Der Beat ist das mit Abstand wichtigste Element des Rap. Auch wenn der Rapper natürlich seine Zeilen a cappella vortragen kann, so wie es häufig bei Battle-Rap-Formaten wie *Feuer über Deutschland, Rap am Mittwoch* oder *Don't Let The Label Label You/DLTLLY* geschieht, bleibt der Beat für die Hörer*innen und den Rapper selbst das Orientierungsinstrument Nummer eins. Der Beat bestimmt dabei nicht nur das Tempo und die Grundrhythmik, an der sich der Rapper orientiert, wenn er seine Zeilen formuliert, er beeinflusst auch die Stimmung des gesamten Rap.

Um zu verstehen, warum der Beat einen so wesentlichen Einfluss auf den Rap selbst hat, erscheint es sinnvoll, einen kurzen musiktheoretischen Exkurs zu wagen. Die meisten Beats im Rap sind in einem 4/4-Takt geschrieben. Was bedeutet das?

Stellen Sie sich vor, Sie haben ein Kartenspiel vor sich liegen. Ein normales Deck mit 32 Karten. Nun legen Sie diese Karten aus, sodass am Ende acht Reihen mit jeweils vier Karten vor Ihnen liegen. Nun tippen Sie mit dem Zeigefinger jeweils die Karten der Reihe durch, und versuchen hierbei immer in der gleichen Geschwindigkeit vorzugehen. Die nun entstehende Rhythmik ist ein 4/4-Takt. Jede Reihe entspricht einem Takt und jede Karte einem Viertelschlag. Es ergeben sich somit pro Takt vier Viertelschläge. Wären nun alle vorliegenden Karten ein gesamter Song, so würden wir einen Song sehen, der aus acht Takten bestünde und jeder dieser Takte wäre exakt vier Schläge lang.

In der Arbeit mit Kindern und Jugendlichen bietet sich zur Erklärung eines 4/4-Taktes eine andere Methode an. Vier Freiwillige dürfen vor die Gruppe treten und jeder der vier sucht sich ein akustisches Geräusch aus. Beispielweise Schnipsen, Klatschen, Stampfen und Husten. Nun sollen die Kinder oder Jugendlichen bei jedem Fingerzeig auf sie ihr Geräusch produzieren. Wird der Finger auf die Person eins gerichtet, so schnipst diese. Auf Person zwei gerichtet, erklingt ein Klatschen und so weiter. Zu Beginn dieser

Übung wird das Anzeigen willkürlich, unrhythmisch und diffus umgesetzt. Die Kinder und Jugendlichen müssen sich an dem Finger orientieren und folgen, ähnlich einem Musiker dem Dirigenten, den Anweisungen der pädagogischen Fachkraft. Im Laufe der Übung jedoch wird eine bestimmte Reihenfolge des Anzeigens wiederholt, und der Finger ruht immer in den gleichen Abständen auf den freiwilligen Kindern und Jugendlichen. Nun erst ergibt sich eine erkennbare Rhythmik, ein 4/4-Takt. Als Verstärkung dieser Wahrnehmung des 4/4-Taktes bietet es sich an, zusätzlich zu dem Fingerzeig von 1 bis 4 zu zählen, während die Geräusche ertönen. Durch diese Methode wird allen Teilnehmenden im Raum die Bedeutung eines 4/4-Taktes deutlicher.

Da sich Rapper auf dieser Taktart sprachrhythmisch bewegen, sind sie von der Rhythmik des Beats wesentlich beeinflusst. Natürlich gibt es auch Rap-Künstler, die sich andere Taktarten, wie einen 3/4-Takt oder einen 6/8-Takt, zur Grundlage ihres Beats gewählt haben. Der Großteil aller Rap-Stücke ist jedoch im 4/4-Takt geschrieben.

Im anschließenden Schritt werden nun die Ziffern 1 bis 4 an die Tafel geschrieben. Hiermit wird die Erkenntnis aus der vorangegangenen Übung aufgegriffen und visualisiert.

1 2 3 4

Da die Taktart allein keine Aussage über die Geschwindigkeit, sondern lediglich über die Länge eines Taktes und die Verteilung der Schläge in einem Takt zum Ausdruck bringt, gibt es eine zweite essenzielle Information, die ein Musiker kennen muss: die Geschwindigkeit. Für einen Rapper ist es von großer Bedeutung, wie schnell ein Beat ist. Zum einen beeinflusst die Geschwindigkeit die Stimmung des Beats und damit des Rappers selbst, und zum anderen orientiert sich der Rap in seiner Geschwindigkeit an der Geschwindigkeit des Beats. Die Geschwindigkeit eines Beats wird in der Regel in beats per minute (bpm), also Taktschlägen pro Minute, angegeben. Rap-Beats bewegen sich gewöhnlich zwischen 70 bis 130 bpm. Für die folgende Übung sind Beats in einer dieser Geschwindigkeiten zu empfehlen.

Tipp

Beats sind nicht so einfach zu bekommen, weil sich inzwischen ein rentables Geschäft um und mit Beats entwickelt hat. Dennoch gibt es einige Möglichkeiten, sie für den pädagogischen Gebrauch zu beziehen. Die Seite www.rappers.in bietet Beatmakern die Möglichkeit, ihre Beats zur freien Verfügung bereitzustellen. Diese „freebeats" sind dann für alle Nutzer frei downzuloaden. Ebenso ist es möglich auf www.youtube.com Beats zu streamen. Sie können hier beliebige Schlagworte eingeben und werden sicherlich etwas finden. Beispielsweise: „Rap-Beat 70 bpm" oder „Hip-Hop instrumental melancholisch". Bitte beachten Sie allerdings, dass Sie diese Beats nicht für kommerzielle oder öffentliche Zwecke benutzen dürfen, weil die Frage der Urheberrechte für jeden einzelnen Beat geklärt werden muss.

Ein Beat in einer beliebigen Geschwindigkeit zwischen 70 bpm und 130 bpm wird abgespielt. Alle Teilnehmer*innen sollen nun die Viertel des Beats laut zählen, indem sie die Ziffern 1 bis 4 laut sprechen. Zur ersten Orientierung auf den Beat werden die Kinder und Jugendlichen durch die pädagogische Fachkraft begleitet und angeleitet. Für diese Übung sind zwei Dinge von Bedeutung:

1. Die Kinder und Jugendlichen müssen unbedingt auf der eins des Taktes anfangen, zu zählen.
2. Die Kinder und Jugendlichen müssen im richtigen Tempo zählen.

Bei allen Beats handelt es sich ausschließlich um Beats mit der oben geschulten Taktart. Die Kinder und Jugendlichen zählen also immer von 1 bis 4. Die Geschwindigkeit der Beats wird allerdings verändert. Auf diese Weise bekommen die Beteiligten ein Gefühl für die unterschiedlichen Tempi und die damit verbundenen Stimmungen des Beats. Durch die Ansage der entsprechenden bpm-Zahlen wird außerdem eine Kommunikationsform geschult, die in dem gesamten Workshop von großer Bedeutung ist.

Haben sich alle Kinder und Jugendlichen auf die Rhythmik-Übung eingelassen und ein Gefühl für die verschiedenen Beats entwickelt, spielt die pädagogische Fachkraft nur noch einzelne Beats an und lässt die Teilnehmer*innen allein im Takt zählen.

Es empfiehlt sich, die Kinder und Jugendlichen zu dieser Übung aufstehen zu lassen. So können sie sich natürlicher im Rhythmus des Beats bewegen, was ihnen das Zählen auf den Beat erleichtern kann.

Mithilfe dieser Übung entwickeln die Kinder und Jugendlichen ein Gefühl für den Beat und die Schläge innerhalb eines Taktes. Gleichzeitig wird ihnen die rhythmische Orientierung für den Takt über die 1 bis 4 an die Hand gegeben, was zu einem späteren Zeitpunkt auch für das Einzählen auf den Beat von großer Bedeutung ist.

Eine weitere Methode, die besonders mit kleinen Kindern oder auch eingeschränkten Jugendlichen sehr gut funktioniert, ist folgende:

Setzen Sie sich mit allen Beteiligten an einen Tisch. Alle Kinder und Jugendliche sollen nun beide Hände auf den Tisch legen. Nun beginnen Sie, mit der rechten Hand gleichmäßig rhythmisch auf den Tisch zu schlagen, und bitten alle, mitzumachen. Hierbei muss darauf geachtet werden, dass nicht zu laut geschlagen wird, da sonst die Gefahr besteht, dass man Ihre Schläge nicht mehr hört. Die pädagogische Fachkraft dient als rhythmisches Maß, ihre Geschwindigkeit muss beibehalten werden. Wenn alle Kinder und Jugendlichen den Takt abgenommen haben und gleichrhythmisch schlagen, halten Sie beide Hände spontan in die Luft und schlagen nicht weiter. Nun müssen alle ebenfalls abrupt aufhören.

Wiederholen Sie diese Übung, bis es tatsächlich gelingt, dass alle mit Ihnen gemeinsam aufhören. Das wird einige Zeit dauern. Es schult die Kinder und Jugendlichen aber, genau auf Sie zu achten. Sie werden zum Dirigent der Gruppe.

Sollte es sich schwierig gestalten, ist es sinnvoll, das Schlagen mit Zählen zu begleiten. Nutzen Sie hierzu die Zählung der Viertel. Sie werden sehen, es wird besser gelingen.

Erweiterung

Eine Erweiterung diese Übung ist es, die 1 immer mit zwei Händen auf den Tisch zu schlagen und die 2, 3 und 4 nur mit einer. Das schult die Kinder und Jugendlichen, die 1 eines Taktes besser wahrzunehmen und hier eine besondere Betonung zu setzen. Nun können Sie variieren. Schlagen Sie die 1 und 3 mit beiden Händen, variieren Sie die Tempi und achten Sie immer darauf, dass alle gleichzeitig aufhören, wenn Sie Ihre Hände in der Luft halten.

Es ist auch denkbar, dass der Dirigent wechselt und ein Kind oder Jugendlicher diese Funktion übernimmt.

Mehrwert

Die Kinder und Jugendlichen kennen die Bedeutung eines 4/4-Taktes und können ihn innerhalb eines Beats durch das Zählen von 1 bis 4 erkennen und rhythmisieren. Sie erfühlen den Anfang eines Taktes und können mit Geschwindigkeiten, bpm-Zahlen und Zählzeiten operieren.

P

Pädagogische Idee

Die Übung mit den Freiwilligen und den Geräuschen dient dazu, den Kindern und Jugendlichen praktisch die Grundlage eines 4/4-Taktes näherzubringen. Diese Übung greift darüber hinaus die Erfahrbarkeit von Rhythmik auf, in dem die Freiwilligen genauso wie die Zuschauenden das rhythmische Fundament dieser Taktart über das Erleben verstehen.

Die rhythmische Verstärkung über die sprachliche Einbindung von 1 bis 4 dient dazu, die Teilnehmenden auf die Taktschläge zu fokussieren und ihr rhythmisches Gehör zu bilden. Über diese Methode erlernen die Kinder und Jugendlichen, dass es unterschiedliche Geschwindigkeiten für Beats gibt, und wie diese wirken.

Gleichzeitig entwickeln sie ein Gefühl für die Viertel im Takt und die Bedeutung dieser Viertel für die spätere Verwendung von Sprache und Rhythmik. Da der Workshop darauf ausgelegt ist, eigene Raps zu kreieren und vorzutragen, ist die Übung gleichsam auch eine Motivationsübung. Durch sie sollen die Hemmschwellen des Sprechens in der Gruppe angegangen werden. Das gemeinsame Zählen dient demnach auch dem Abbau von bestehenden Hemmungen.

Die Erwartung an die Teilnehmer*innen scheint so gering, dass die meisten sie spielend bewerkstelligen können, und genau hierin liegt die Grundidee für eine langfristige Enthemmung.

Übung 4: Die Reime

Dauer:	20 Minuten
Vorbereitung:	Vermittlung unterschiedlicher Reime und Reimstrukturen
Durchführung:	Reimübung
Material:	Tafel oder Flipchart
Methode:	Plenum
Ziel:	Verständnisentwicklung der Vielfältigkeit von Reimen

Zum Rap gehören Reime. Funktional bilden Reime das Gerüst, das die Worte des Textes zusammenhält. Die Position der Reime orientiert den Hörer innerhalb des Rap und gibt ihm die Möglichkeit, sich auf die kommenden Zeilen akustisch vorzubereiten.

Mit dieser Funktionalität steht Rap in der Tradition von Dichtung und des lyrischen Schreibens, wurden doch die Reime als Klammer der Zeilen zum besseren Einprägen des Textes verwendet.

Für die Workshop-Arbeit und Rap sind bezüglich der Reime drei Dinge wichtig:

1. Rap arbeitet gern mit unreinen Reimen.
2. Reime dürfen mehrsilbig sein.
3. Der Reim steht meistens auf der vier.

Zu Beginn meiner Workshop-Arbeit war ich nicht sicher, ob ich die Reime separiert behandeln und schulen sollte, weil dadurch das textliche Denken vom Reim her noch mehr provoziert werden könnte. Die Folge eines solchen Denkansatzes wäre, dass sich die Reime zum Schwerpunkt des kreativen Schreibens entwickeln und die Zeilentexte bloß ein Nebenprodukt der Reime darstellen würden. „Reim dich oder ich fress dich", darf nicht der Ansatz für Rap-Texte werden.

Ich habe mich dennoch dafür entschieden, einen besonderen Fokus auf Reime zu legen, mit dem Ziel, die Vielfältigkeit von Reimen aufzuzeigen. Das Erkennen der Mannigfaltigkeit von Reimmöglichkeiten entwickelt einen freien Umgang mit Reimen und bewegt den Fokus auf die gesamte Zeile, anstatt am Reim kleben zu bleiben und einen Zweckreim zu benutzen.

Gleichzeitig bietet der „seichte" Einstieg in die Textstruktur über die Reime die Möglichkeit, die Kinder und Jugendlichen sukzessive auf das Texteschreiben vorzubereiten und sie somit langsam an einen ganzen Rap-Text heranzuführen.

Da im Rap primär unreine Reime verwendet werden und diese Verwendung den Fundus an Reimen enorm vergrößert, muss den Kindern und Jugendlichen zunächst der Unterschied zwischen den reinen und unreinen Reimtypen aufgezeigt werden.

4.1 Reine und unreine Reime

Dass Rap vorwiegend mit unreinen Reimen arbeitet, hat seinen Grund. Die Nutzung unreiner Reime ermöglicht es dem Rapper, aus einer Vielzahl an Wörtern, ähnlich klingende als Reime zu verwenden, was die Reimfreiheiten exorbitant erhöht.

Um Kindern und Jugendlichen diese Bedeutung aufzeigen zu können, müssen die beiden Reimformen jedoch einmal deutlich voneinander unterschieden werden, damit sie bewusst eingesetzt werden können.

Reime sind bei Kindern und Jugendlichen als gleichklingende Worte bekannt. In den meisten Workshops ist der Reim, nicht zuletzt über das Liedergut, so bekannt, dass es keiner weiteren Erklärung bedarf.

Auf die Frage nach einem Reim wird dann meistens das Reimpaar „Haus und Maus" angeführt. Das Reimpaar wird an die Tafel gebracht und der Versuch gewagt, eine Erklärung zu finden, warum diese beiden Wörter als Reim gelten. Sehr schnell wird deutlich, dass lediglich der Anfangsbuchstabe der beiden Wörter verändert ist, der Rest ist absolut identisch. Eine mögliche Erklärung für die Kinder und Jugendlichen könnte daher lauten: Bei einem reinen Reim sind die Reimsilben nach dem betonten Vokal klanglich identisch.

Es versteht sich von selbst, dass die Erklärung der jeweiligen Gruppe angepasst erfolgen muss. Über die beiden an die Tafel gebrachten Wörter wird nun das Wort „reine Reime" geschrieben und unterstrichen. Die Teilnehmer*innen werden im folgenden Schritt dazu aufgefordert weitere reine Reimpaare zu finden. Häufig fallen Reime wie: „Schuh und Kuh", „rot und tot", „Hammer und Kammer" und so weiter.

Um die Suche nach reinen Reimen etwas aufzulockern, empfiehlt sich folgende Methode: Zunächst wird ein beliebiges reines Reimpaar untereinander an die Tafel geschrieben. Bleiben wir für die Vereinfachung bei dem oben genannten Reimpaar „Haus und Maus". An der Tafel steht nun:

Reine Reime
Haus
Maus

Nun sind die Kinder und Jugendlichen aufgefordert, ein Wort zu finden, das sie mit Maus assoziieren, das allerdings kein Reim ist. Für dieses Beispiel wähle ich das Wort „klein". Dieses Wort wird unter das Wort „Maus" an die Tafel geschrieben und dient als neues Vorlagereimwort für einen weiteren reinen Reim. Die Kinder und Jugendlichen könnten in diesem Fall das Wort „fein" vorschlagen. Nun wird erneut nach einem Assoziationswort ohne Reim gesucht, worauf dann wieder ein reiner Reim folgen sollte:

Reine Reime
Haus
Maus
klein
fein
...

Diese Methode bringt es mit sich, dass die Teilnehmenden nicht direkt auf bekannte Reimpaare zurückgreifen, sondern von einem Wort ausgehend einen Reim suchen. Die sich ergebende Struktur der Reimpaarung wird später für das Texteschreiben von großer Bedeutung sein und führt die Kinder und Jugendlichen bereits an dieser Stelle in die spätere Zeilenstruktur von Rap.

Sind den Teilnehmer*innen die reinen Reime verdeutlicht, werden im zweiten Schritt die unreinen Reime genauer betrachtet. Hierzu empfiehlt es sich, einen stark unreinen Reim an die Tafel zu schreiben, wie beispielsweise „Fahrrad" und „Marktplatz".

Die Reaktion auf die angeschriebenen Wörter ist fast immer eine Beschwerde der Kinder und Jugendlichen, die behaupten, dass es sich hierbei nicht um Reime handeln würde. Natürlich ist diese Reaktion verständlich, kann jedoch, auch ohne Erklärung des unreinen Reimes, allein durch die Verwendung der Worte innerhalb eines kurzen Rap, widerlegt werden.

Ich gehe in den Keller und hole mein Fahrrad,
Fahre zur Schule, vorbei am Marktplatz.

Beim Hören dieser Zeilen verstehen die Kinder und Jugendlichen, dass sich die Worte doch „irgendwie gereimt anhören, obwohl es sich nicht ganz nach einem Reim anhört". Dies ist die Überleitung zur Erklärung von unreinen Reimen.

Auch diese beiden Wörter („Fahrrad" und „Marktplatz") werden nun an die Tafel geschrieben und unter die Überschrift „unreine Reime" gestellt. Die Erklärung dafür, dass zwei Wörter, die sich nur ähneln, auch als Reime verwendet werden können, muss selbstverständlich erbracht werden. Das Geheimnis liegt in den Vokalen. Beide Wörter sind um den Vokal „a" aufgebaut. In diesem Beispiel („Fahrrad" und „Marktplatz") gibt es zwei Vokale und beide sind ein „a". Da beide Wörter diesen doppelten Vokallaut „a" in sich tragen, wird ein gleichklingender Charakter erzeugt. Natürlich ist es auch denkbar, einzelne Wörter auf mehrere Wörter zu reimen. In dem Song *Statement* von Bass Sultan Hengzt heißt es beispielsweise: „Ich bin der letzte meiner Art, Bass Sultan Hengzt / ihr seid zweite Klasse Menschen, wie ein Kassenpatient." Hier werden drei Wörter auf ein Wort gereimt. Das ermöglicht eine weitere Vielfalt im Spiel mit Reimen.

Die Übung zu den reinen Reimen wird nun für die unreinen Reime wiederholt. Zunächst sind die Kinder und Jugendlichen angehalten, ein assoziiertes Wort zu „Marktplatz" zu finden. Als Beispiel hierfür wähle ich das Wort „Gemüse". Genau wie in der vorigen Übung zu den reinen Reimen sollen sie nun ein Reimwort auf Gemüse finden, mit der Bedingung, dass es sich um einen unreinen Reim handelt. Hierzu erscheint es sinnvoll, sie auf die Vokalverwendung innerhalb des Wortes „Gemüse" aufmerksam zu machen.

Die Vokale des Reimwortes sollten sich also wie bei Gemüse mit „e", „ü" und „e" bilden. Als Beispiel wähle ich hier das Wort „betrüge". An dieser Stelle im Workshop bin ich immer wieder erstaunt darüber, wie leicht es den Teilnehmer*innen des Workshops fällt, unreine Reime zu bilden. Gerade die Kinder und Jugendlichen, die häufig Rap hören, zeigen an dieser Stelle eine ausgefeilte Kreativität. Das Spiel wird entsprechend der oberen Erklärung fortgesetzt und das Verständnis für die unreinen Reime darüber entwickelt.

Es wäre denkbar, dass die Assoziation zu dem Wort „betrüge", „Mann" oder „Frau" hieße. An dieser Stelle führte uns die Übung direkt in eine weitere Feststellung, denn es dürfte den Teilnehmer*innen schwerfallen, einen unreinen Reim auf diese Worte zu finden. Das liegt an der Einsilbigkeit der Wörter. Auf einsilbige Worte lässt es sich schwer mehrsilbig reimen. Gleichzeitig sind einsilbige Reime meist reine Reime und keine unreinen. Diese Erkenntnis führt zu einer weiteren Überlegung.

4.2 Mehrsilbige Reimworte

Unreine Reime und mehrsilbige Wörter ergänzen sich gegenseitig und bilden somit eine Art Symbiose. Es ist deutlich leichter, unreine Reime auf mehrsilbige Wörter zu finden.

Tatsächlich findet man bei den Profirappern nur selten einsilbige Reime, weil die verwendeten Reime immer auch ein Zeichen der Qualität des Rap darstellen.

In dem Song *So wie du bist* von Motrip finden wir sogar eine Erweiterung der zweizeiligen Reimworte hin zu Reimwörtern, die den ganzen Part durchziehen und sich auf mehrere Wörter einer Zeile beziehen. In diesem Song reimt Motrip mehrere Wörter so aufeinander, dass sie in unreinen Reimen vielsilbig aufeinander Bezug nehmen.

... nie kapituliert
... Papa schockiert
... Gassi geführt
... Krawatte probiert
... Fassung verliert
... Passt er zu dir?
... artikulieren

Die vokale Anknüpfung von „nie kapituliert" also „i, a, i, u, i" findet hier zwar keinen stringenten Durchzug, aber dennoch sind in den ersten Versen des Songs alle Reimenden unrein und mehrsilbig gereimt. Dieses Beispiel verdeutlicht, dass die Verwendung mehrsilbiger Wörter gleichsam eine Erhöhung der Reimmöglichkeiten mit sich bringt. Außerdem wird in dem Stück von Motrip die Auswirkung von Reimen für die Qualität des gesamten Rap gut ablesbar. Die Fähigkeit des Einsatzes solcher Reimketten führt dazu, dass der Hörer in den Kontext des Gesamtsongs gezogen wird, ohne das Gefühl zu entwickeln, dass erzwungene Reime den Textinhalt torpedieren.

Die Fähigkeit zu besitzen, einen ganzen Song auf nur einem Reim durchrappen, zeichnet einige Rapper besonders aus. Kool Savas hat diese Form in seinem Song *Mona Lisa* sehr eindrucksvoll unter Beweis gestellt. Seine ersten Reimwörter sind: „langsam an" und es folgt eine erste Strophe mit zahlreichen Reimen auf diese Wörter: „Van Damme, Gun dann, Land man, Sandmann, Grand Can, Anklang, Pumpgun, fun man, Wandschrank, Tam Tam, Anstand, Landgang, Bank lang, verkannt ham, Handstand". Auch hier zeigt sich, dass die Mehrsilbigkeit der Wörter der Schlüssel für einen freien Umgang mit unreinen Reimen ist und somit als Schlüssel der Vielseitigkeit verstanden werden darf.

Stellt man nun einsilbige Reimworte wie „Bett" und „nett" gegen diese Reime, so wird schnell klar, dass die Schwierigkeitsstufen der benutzen Reimwörter einen wesentlichen Einfluss auf die Qualität des Rap haben können, und warum die unreinen Reime das vorherrschende Reimmedium des Rap sind. In dem Zusammenspiel von Reim, Rhythmik und Wortinhalt drückt der Rapper seine Reimklasse aus. Mithilfe dieser beiden Songtexte lässt sich zeigen, worauf es also bei Reimen ankommt. Es versteht sich von selbst, dass in einem Rap-Workshop solche Reimketten die absolute Ausnahme bilden, dennoch ist die Verwendung von unreinen Reimen im Zusammenspiel von mehrsilbigen Wörtern zu verstehen, und unreine Reime erhöhen die Möglichkeiten der Reimwortverwendung.

In der Kinder- und Jugendarbeit lassen sich diese beiden Texte gut für eine Reimanalyse verwenden. Die Aufgabe zu diesen Texten könnte sein: „Findet die Reimworte und unterstreicht sie in einer beliebigen Farbe." Es empfiehlt sich, die Songs dazu anzuhören, weil dadurch zum einen die Reime leichter erkannt werden können und zum anderen das rhythmische Feeling der Viertel vertieft werden kann. Somit ergibt sich ein sinnvoller Zusammenhalt zwischen den Rhythmik-Übungen und den Reim-Übungen.

Das Heraushören der Reime und das Arbeiten an den Reimen innerhalb der Texte bringt eine weitere Erkenntnis mit sich. Die Reime bilden nämlich in der Regel den Abschluss einer Zeile und stehen somit auf dem vierten Schlag eines Taktes. Aus dieser Wahrnehmung lässt sich schlussfolgern, warum die Reime als Gerüst und Orientierung zu verstehen sind. Sie sind die eingängigsten Wörter einer Rapzeile und werden durch das Reimwort der zweiten Zeile komplettiert. Damit bilden sie ein Orientierungskonstrukt für den Hörer, der sich von Takt zu Takt an den Reimen entlangführen lässt.

Hier lässt sich nun die didaktische Idee der Reimübungen ablesen. Denn die zweizeilige Reimpaarung (Paarreim) ist die Standardreimform des Rap und wurde direkt in der Übung mit den Kindern und Jugendlichen trainiert.

P

Pädagogische Idee

Die Kinder und Jugendlichen müssen in der Erstellung eigener Raps mit Reimen operieren können, und es ist sinnvoll, ihnen die Möglichkeiten von reinen und unreinen Reimen aufzuzeigen. Dadurch werden ihre Möglichkeiten des Einsatzes von Wörtern nicht primär vom Reim aus gedacht und ihre Freiheit der Wortverwendung vergrößert. Durch die Reim-Übung werden sie praktisch aufgefordert, eigene Reime zu finden und die Unterscheidung zwischen beiden Reimtypen selbstständig vorzunehmen. Jene Teilnehmer*innen, die kein Verständnis von Reimen hatten, werden an dieser Stelle mit Reimen so konfrontiert, dass sie zumindest eine Vorstellung von Reimen entwickeln.

In der Rap-Textanalyse beschäftigen sich die Kinder und Jugendlichen selbstständig mit einem Text und erkennen, dass die Reime eines Textes in der Regel auf der Vier geschrieben stehen. Sie erkennen zudem die Vielfältigkeit von Reimen und können beginnen, mit reinen und unreinen Reimen zu spielen, weil sie beide Formen voneinander unterscheiden können. Sie entdecken an den vorliegen Stücken den Reiz an mehrsilbigen Worten und die dadurch entstehende Erleichterung in Bezug auf die Verwendung von unreinen Reimen. Durch den Vergleich der mehrsilbigen und einsilbigen Reime in Rap-Texten erfühlen die Kinder und Jugendlichen die Wirkung der unterschiedlichen Reime und können diese daher bewusster im eigenen Text verwenden.

Als Gegenbeispiel zu den oben genannten Titeln wäre es auch denkbar, einen Song mit einsilbigen und vorwiegend reinen Reimen zu hören und zu analysieren. Dadurch kann das Klangbild und der Unterschied zwischen beiden Formen explizit aufgezeigt werden. An dieser Stelle gibt es zahlreiche Titel, empfehlenswert ist insbesondere *Fremd im eigenen Land* von Advanced Chemistry. Die benutzten Reimpaare sind fast ausschließlich reine Reime, und ein Großteil davon ist einsilbig. Reime wie: „drauf, rauf" oder „zuhauf, sauf" finden sich in dem Song.

Der Unterschied zwischen Motrip, Savas und Advanced Chemistry könnte deutlicher nicht sein. Die Songs stehen sich, reimtechnisch, diametral entgegen und dieser erlebbare Kontrast ist für die Kinder und Jugendlichen sowohl spürbar als auch ablesbar. Durch den Vergleich werden die erlernten Reimkenntnisse vertieft und die Wirkung der unterschiedlichen Reimmöglichkeiten sichtbar. Es darf allerdings nicht vergessen werden, dass zwischen den Songs eine Rap-Entwicklung von mehr als zehn Jahren lag, was erneut die Vorteile von Kenntnissen der Hip-Hop-Geschichte verdeutlicht.

Schülerbeispiele

In einer Schule für Menschen mit geistiger Einschränkung ist folgende Textpassage entstanden:

> Es ist Samstag sie treffen sich im *Wald*
> Er fährt mit dem Fahrrad, es ist noch nicht so *kalt*
> Er liebt Musik, hört sie *laut*
> Bei einigen Songs kriegt er ne Gänse*haut*

In einer ISS ist folgende Textzeile entstanden:

> Manche machen BQL und manche *MSA*
> Und werden danach Künstler oder Youtube-*Megastar*
> Manche werden Bänker, Erzieher oder *Chefkoch*
> Oder so wie Eminem ein *Rapgott*

In einer Abschlussklasse sind folgende Textzeile entstanden:

> Jeder geht bald sei'n Weg und die Klasse wird *sich teilen*
> Doch davor feiern wir im *Tropical Island*
> Geh'n zusammen schwimmen und das den ganzen *Tag*
> Die blaue Rutsche, die macht *Spaß*
> Wir woll'n noch essen geh'n entweder *libanesisch*
> Oder italienisch, vietnamesisch oder *schwäbisch*

In einer Grundschulklasse zur Streitschlichterausbildung sind folgende Textzeilen entstanden:

Gibt es ein Problem, komm ich *und helfe bei dem Streit*
Euern Streit zu lösen, das ist *eine Kleinigkeit*
Schimpfwörter, Prügelei, *egal, was wir helfen*
Denn wir sind die guten *Streitschlichter-Elfen*

Wir sind Streitschlichter, wir sind *keine Richter*
Dass wir wichtig sind, das *weiß ich ja*
Ist Konflikt im Raum, dann *bleib ich da*
Bis alles geklärt ist, wir sind *Streitschlichter*

In einer ISS zum Thema „Liebe" sind folgende Zeilen entstanden:

Ihr Name war Jasemin die Augen braun wie *die Wüste*
Ihr Lächeln wie ein Diamant, dass jeder *sich verliebte*
Ali tat wirklich alles *für sie*
ihre Eltern waren dagegen, sie dachten, er wäre *ein Dieb*
Sie trafen sich nur heimlich abends *am See*
So konnten sie sich sicher sein, dass niemand *sie sieht*
So ging es Jahre und die Liebe *starb nie*
Am Ende hat ihr Vater es *akzeptiert*

In einer Gymnasialklasse sind folgende Zeilen entstanden:

Es ist nicht wichtig, ob du teure Marken *hast*
Gucci oder Prada, BMW Impala, was du zeigen *kannst*
Wie du bist, zeigt wie du *bist,*
Geld ist wichtig aber sicherlich nicht *alles*

Übung 5: Verbindung von Reim und Rhythmik

Dauer:	15–30 Minuten
Vorbereitung:	Rückgriff auf Beat und Reim und Verbindung beider Übungen
Durchführung:	Erstes Rappen mit Wortbausteinen
Material:	Tafel oder Flipchart, Beat und Abspielgerät
Methode:	Plenum, Gruppenarbeit oder Partnerarbeit
Ziel:	Verknüpfung rhythmisches Fühlen und Denken mit Sprache

Bis zu diesem Zeitpunkt war der Workshop primär theoretisch eingefärbt, auch wenn die Teilnehmer*innen immer wieder praktisch involviert waren. Grund hierfür ist die Überzeugung, dass der praktischen Umsetzung einige theoretische Kenntnisse vorausgehen sollten, um bestmöglich zu dem Ergebnis der eigenverantwortlichen Textkreation und -produktion zu gelangen. Alle bis hierhin erlernten Inhalte sollen jetzt praktisch unterfüttert werden, um die Teilnehmer*innen nach und nach ins Rappen zu bringen.

Die logische Folge der isolierten Rhythmik- und Reimübungen ist die Kombination beider Übungen. Dazu bietet es sich an, die beiden Tafelbilder miteinander zu kombinieren. Zunächst werden wieder die Ziffern 1–4 an die Tafel geschrieben. Es ist davon auszugehen, dass alle Kinder und Jugendlichen ein Verständnis von dieser Zahlenkombination haben und sie als die Darstellung eines Taktes interpretieren können. Das Tafelbild wird um ein Wort erweitert, das aus der Runde der Teilnehmenden genannt wird. An dieser Stelle wird die Reimübung aus Kapitel 4 aufgegriffen und in die Rhythmik-Übung aus Kapitel 3 integriert.

Für dieses Beispiel soll das Wort „Bett" verwendet worden. Dieses Wort wird nun, eine Zeile unter der Zahlenfolge, direkt unter die 4 geschrieben (siehe Übung 3). Da die Teilnehmer*innen bereits gelernt haben, dass die Reime eines Rap meistens auf der 4 stehen, ist anzunehmen, dass vielen schon klar ist, dass es sich bei dem Wort „Bett" um ein zukünftiges Reimwort handeln könnte. Außerdem sind sie sich darüber im Klaren, dass es sich bei dem Wort „Bett" um ein einsilbiges Wort handelt, weswegen die Verwendung eines unreinen Reims deutlich schwerer wäre, als die eines reinen. Den Kindern und Jugendlichen fallen natürlich einige Reime ein. Nachdem alle gesammelt wurden, wird sich schließlich auf ein Wort geeinigt, z.B. „nett". Wieder wird das Wort auf die Tafel geschrieben, diesmal direkt eine Zeile unter das Wort „Bett". Im nächsten Schritt wird ein nicht gereimtes Wort gesucht, das mehrsilbig ist und mit „nett" assoziiert wird. Die Vorgabe der Mehrsilbigkeit zielt darauf ab, nun einen unreinen Reim zu suchen. Sollte es bereits bei dem ersten Reimpaar zu einem unreinen Reim gekommen sein, ließe sich diese Vorgabe entsprechend umdrehen.

Nehmen wir an, es würde das Wort „Freundschaft“ gewählt. Erneut wird das Wort an die Tafel gebracht, in diesem Fall direkt unter das Wort „nett“. Die Vokalstruktur des Wortes ist „eu, a“. Wird nun nach einem unreinen Reim gesucht, wäre es hilfreich, hätte er die gleiche Vokalstruktur. In unserem Beispiel sollen die Worte „bezeugt hat“ den unreinen Reim auf „Freundschaft“ bilden. Auch dieses Wort wird, entsprechend den anderen, an die Tafel geschrieben. Das Tafelbild würde sich wie folgt darstellen:

1	2	3	4
			Bett
			nett
			Freundschaft
			bezeugt ha(s)t

Zunächst wird ein 90 bpm schneller Beat abgespielt. Die bpm-Zahl wird den Kindern und Jugendlichen mitgeteilt, damit sie eine emotionale Verknüpfung zu dem angegebenen Tempo herstellen können. Nun beginnen die Teilnehmer*innen erneut mit dem Zählen von 1 bis 4 auf den abgespielten Beat. Wenn sich alle Kinder und Jugendlichen auf den Beat „eingegrooved“ haben, wird der Beat gestoppt und die 4 in der Reihenfolge des Zählens durch eines der Wörter, die unter der vier aufgeführt sind, ersetzt. Dabei wird die Reihenfolge der Zeilen eingehalten. Mit dem Einsetzen des Beats zählt die pädagogische Fachkraft einmal rhythmisch von 1 bis 4, um danach den Einsatz für das gemeinsame Zählen mit dem entsprechenden Wort zu geben. Alle zusammen sprechen nun:

„1, 2, 3 Bett / 1, 2, 3 nett / 1, 2, 3 Freundschaft / 1, 2, 3 bezeugt hat.“

Die pädagogische Fachkraft sollte an dieser Stelle die Tempi der Beats immer wieder variieren und den Kindern und Jugendlichen die jeweilige bpm-Zahl mitteilen. Hier können sie feststellen, welche Unterschiede es mit sich bringt, auf einen langsamen oder einen schnellen Beat zu zählen und wie sich die Rhythmik der Wörter verändert und wie diese sich an dem Beat orientieren. Insbesondere die Worte „Freundschaft“ und „bezeugt hat“ werden bei unterschiedlichen Tempi ihre Rhythmik verändern. Erfahrungsgemäß macht diese Übung den Anwesenden enormen Spaß, weswegen es doppelt sinnvoll erscheint, möglichst viele verschiedene Beats abzuspielen.

An dieser Stelle sei ausdrücklich gesagt, dass es sich nicht um Rap handelt. Noch wird lediglich auf den Beat mit der Verwendung eines Reimwortes gezählt. Diese Übung ist aber die Vorstufe zum Rappen, weil sie bereits alle Grundlagen für einen Rap anlegt und trainiert.

Tipp

Auch bei dieser Übung trainieren Sie, die Hemmungen einzelner oder der Gruppe aufzuweichen. Durch das laute Mitzählen werden alle in der Gruppe animiert. Zögern Sie nicht, schüchterne Teilnehmer*innen zu fordern. Sie werden erstaunt sein, wie diese sich mit wenigen Mitteln überzeugen lassen, mitzumachen. Eine gezielte Vorgehensweise gegen Hemmungen wäre der Einsatz unterschiedlicher Geschwindigkeiten der Beats. Beginnen Sie beispielsweise mit einem langsamen Beat, etwa 70 bpm, und steigern Sie die Tempi in Fünfer-bpm-Schritten bis zu einer Geschwindigkeit von 130 bpm.

Heizen Sie gerne auch Ihre Teilnehmer*innen mit der Frage an: „Könnt ihr noch schneller?" Zum einen fühlen sich die Kinder und Jugendlichen dadurch in einen Wettbewerb gegen den Beat gedrückt, was unheimlich motiviert, und zum anderen stellen sie fest, dass die Steigerung der Geschwindigkeit auch eine Spaßsteigerung mit sich bringt.

Bei 130 bpm angekommen, werden die Kinder und Jugendlichen lauthals mitzählen und eine Menge Spaß entwickelt haben. Diese geballte Freude wird die Hemmungen deutlich verringern. Im Anschluss an den schnellsten Beat empfiehlt es sich, nochmals einen 70 bpm-Beat anzumachen, um den vorantreibenden und bremsenden Charakter der Beats gegeneinanderzustellen.

P

Pädagogische Idee

Nicht nur, dass durch diese Übung alles bisher Erlernte praktisch zusammenfließt und dadurch wiederholt und vertieft wird, die Kinder und Jugendlichen lernen zuallererst den Spaß kennen, den Rap mit sich bringt. Auf sehr einfache Weise sprechen sie rhythmisch im Takt, alle gemeinsam und alle gleich. Und noch während sie sprechen, orientieren sie sich an den unterschiedlichen Beats und lernen die Geschwindigkeiten richtig zu deuten. Sie benutzen die unterschiedlichen Reimformen und wissen, was sie voneinander unterscheidet. Sie nehmen die Veränderung der Rhythmik ihrer Worte auf die unterschiedlichen Beats wahr und sie durchschauen die Verbindung von Beat, Rhythmik, Reim und Geschwindigkeit. Sie spüren, dass der Beat ein Gefühl vermittelt, das sie durch ihre Sprachrhythmik aufgreifen und adaptieren können.
Darüber hinaus bauen sie die Hemmungen ab, innerhalb der Gruppe zu rappen und bereiten sich damit unbewusst auf das Rappen in der Klasse mit ihren eigenen Texten vor.

Übung 6: Die Zeile, die line, die bars

Dauer:	30 Minuten
Vorbereitung:	Vermittlung der rhythmischen Vielfalt einer Rapzeile
Durchführung:	Erstes Texten eigener Rapzeilen
Material:	Tafel oder Flipchart
Methode:	Plenum, Gruppenarbeit oder Partnerarbeit
Ziel:	Verständnisentwicklung vom Erstellen eigener Rap-Texte

Im Rap wird häufig von bars gesprochen, alternativ auch von lines oder Zeilen. Doch was ist damit eigentlich gemeint? Im Folgenden werde ich einige rap-spezifische Bezeichnungen kurz genauer beleuchten, um die Kommunikation im Umgang mit Rap zu erleichtern.

Hinter dem englischen Wort „bar" verbirgt sich nichts anderes als das deutsche Wort „Takt". Wie bereits dargestellt, ist ein Takt so lang, wie seine Taktart es vorgibt. Handelt es sich um einen 4/4-Takt, enthält eine bar also genau vier Viertelschläge.

Eine Rap-Zeile ist auf die Länge eines Taktes geschrieben. Das bedeutet, sie ist genau so lang, wie es die Taktart angibt und entspricht damit der Länge einer bar.

Nun wird deutlich, warum die Reime einer Zeile meistens auf dem vierten Taktschlag stehen. Sie bilden das Ende einer Rap-Zeile. Und da eine Rap-Zeile meistens vier Viertelschlägen entspricht, endet die Zeile mit einem Reim auf dem vierten Schlag. Bezugnehmend auf seine Länge entspricht eine bar somit einer Zeile.

Im Englischen wird Zeile mit line übersetzt. Im Rap spricht man also von einer line oder einer Zeile, wenn man die Anzahl der Wörter innerhalb des vorgegebenen Taktes meint. Und während die bar den Takt als solchen beschreibt, bezeichnen line und Zeile den geschriebenen Inhalt innerhalb eines Taktes.

Die gerappte Strophe eines Rap-Künstlers wird im Allgemeinen als Part bezeichnet. Dieser Part besteht in der Regel aus 16 bars. Da es vorkommen kann, dass Rapper sich eine Strophe teilen, kann es auch sein, dass ein Rapper nur 8 bars zur Verfügung hat und der zweite ebenfalls. Zusammen ergeben sich jedoch wieder die 16 bars, die dann eine Strophe bilden.

Haben Sie mit rap-affinen Jugendlichen zu tun, so sind diese Bezeichnungen in deren normalen Sprachgebrauch übergegangen, und es ist sinnvoll, zu wissen, worüber die Jugendlichen sich unterhalten. Ein Gespräch könnte beispielweise wie folgt lauten:

„Wie viele bars soll mein Part haben?"
„Ich schreibe 8 lines."
„Insgesamt sind es 16 Zeilen, oder?"
„Ja, du hast für deinen Part noch 8 lines."

Wenn Sie diesen Informationsaustausch problemlos verstanden haben, dann sollte Ihnen klar sein, worin der Unterschied zwischen Zeile, line und bar liegt und wie viele bars eine Strophe und einen Part ausmachen.

Ob man nun Zeile, line oder bar sagt, ist in der Kommunikation für Rapper vollkommen irrelevant, denn sie bezeichnen, was ihre Länge betrifft, letztlich alle dasselbe.

Zuletzt sollte noch betont werden, dass diese 16 bars pro Strophe keine festgeschriebene Regel sind. Der Rapper kann natürlich selbst entscheiden, wie lang er seine Strophe gestalten möchte, und so gibt es legendäre Parts von Rappern, die 100 bars oder länger sind.

6.1 Betonungen

Das Tafelbild aus Kapitel 5 betrachtend, lässt sich erkennen, dass zwar die Zählzeiten und die Reime an die Tafel gebracht wurden, allerdings noch kein weiterer Inhalt vorhanden ist. Das bedeutet, die lines der einzelnen bars fehlen noch.

Für jede Zeile muss nun ein Satz gefunden werden, der mit dem bereits vorhandenen Reimwort endet. An dieser Stelle sind wieder die Teilnehmer*innen gefragt, denen nun diese Aufgabe überantwortet wird.

Typischerweise kommen nun Textvorschläge wie: „Ich liege im Bett." Typisch deswegen, weil die ersten Sätze häufig so konzipiert werden, dass auf jeden Viertelschlag des Taktes ein Wort fällt. Das hat zwei Gründe. Zum einen haben die Kinder und Jugendlichen grundsätzlich das Gefühl, dass die Länge einer line ihnen nicht die Möglichkeit für viel Text bietet und zum zweiten wurden sie durch das Zählen der Viertelschläge mit 1 bis 4 auf diese

Schläge getrimmt und hören den Beat in Vierteln. Dass aus diesem Gefühl kurze Sätze resultieren, ist ein folgerichtiger Schritt.

Für die pädagogische Fachkraft bietet diese Annahme eine Chance, denn so ist gewährleistet, dass auch die Texte in ihrer Schwierigkeit zunächst vereinfacht beginnen und später gesteigert werden können. Alle Sätze werden schließlich gesammelt und an die Tafel geschrieben. Exemplarisch habe ich die folgenden Sätze ausgewählt und in der letzten Zeile das Reimwort an den Satz angepasst.

Das Tafelbild könnte beispielsweise wie folgt aussehen:

1	2	3	4
Ich	liege	im	<u>Bett</u>
Dort	ist es	immer	<u>nett</u>
Ich denke	gern	an Deine	<u>Freundschaft</u>
gut	wie du	sie	<u>bezeugt ha(s)t</u>

Jede Zählzeit ist nun mit einem Textbaustein belegt. Die erste Zeile dieser vier bars betrachtend, fällt auf, dass alle Worte bis auf das Wort „liege" einsilbig sind.

Das hat den Vorteil, dass sich die Anordnung auf die Vierteltaktung exakt bestimmen lässt. Jedes der Wörter liegt auf einem der Schläge und wird auf diesem betont. Bei „liege" allerdings handelt es sich um ein zweisilbiges Wort.

Ein kurzer Exkurs soll die daraus resultierende Fragestellung verdeutlichen. Unsere Sprache besteht aus verschiedenen Wörtern, die betonte und unbetonte Laute hervorbringen. Diese Betonungsformen bilden die Grundlage einer rhythmischen Sprachmelodie. Für Rap bedeutet dies, dass die Frage nach der Betonung einzelner Silben gleichzeitig auch die Frage nach der Rhythmik des Rap mit sich bringt. Da Rap sich an die gesprochene Alltagssprache anlehnt, muss die verwendete Sprache des Rap demnach an dem alltäglichen Sprachgebrauch orientiert sein. Das bedeutet, Rap versucht, die Betonungen der Alltagssprache aufzugreifen, um die Natürlichkeit der Sprache in den Rap zu integrieren.

Diese Frage nach der Betonung stellt sich immer dann, wenn eine Mehrsilbigkeit einzelner Wörter und eine Vielzahl an Wörtern auf die vorgegebenen Taktschläge vorhanden ist.

Das Wort „liege" aus der ersten Zeile soll dies verdeutlichen. Zunächst ist klar, dass das Wort aus zwei Silben besteht, „lie" und „ge". Spricht man das

Wort isoliert und versucht, die Silben zu betonen, so ergibt sich folgende Betonungsform: „LIE“ (betont) und „GE“ (betont). In der Beispielzeile jedoch ist das Wort nicht isoliert, sondern steht inmitten eines eigenen Satzes. Spricht man sich diesen Satz einmal laut vor und versucht, auf die Betonungen zu achten, so ergibt sich in der Regel folgende Betonung:

„ICH (betont) LIE (betont) -ge (unbetont) IM (betont) BETT (betont)“

Die Zweisilbigkeit des Wortes wird also dadurch rhythmisch unterstützt, dass es eine betonte und eine unbetonte Silbe gibt. Diese Betonungsvariante muss sich nun in der gerappten Zeile wiederfinden, weil sich Rap IMMER am gesprochenen Wort orientiert, um möglichst natürlich zu klingen. Je komplexer die Texte werden, desto deutlicher wird auch dieses Grundprinzip. Im Folgenden werde ich betonte Silben groß und unbetonte Silben klein schreiben, um die verschiedenen Betonungen auch visuell darstellen zu können.

Ein Blick auf die zweite Zeile zeigt auf, dass wir es hier mit deutlich mehr Silben zu tun haben und deswegen auch die Frage nach Betonungen etwas komplizierter ausfällt. In der Einleitung zu diesem Teil des Buches hatte ich bereits geschrieben, dass die Kunstform Rap nicht gekünstelt klingen soll. Die Orientierung des Rap am gesprochenen Wort ist eine der wesentlichen Grundlagen, um diesen Umstand zu vermeiden. Auch für die zweite Zeile muss die Frage demnach lauten: „Welches sind im alltäglichen Sprachgebrauch die betonten Silben?“ In dieser Zeile liegen neben dem zweisilbigen Wort „im-mer“ auch zwei einsilbige Worte auf dem gleichen Schlag. Nämlich „ist“ und „es“. Den ganzen Satz sprechend, ergibt sich, dass die Betonung des Satzes folgendermaßen aussehen müsste:

„DORT IST es IM-mer NETT“

Im Vergleich beider Zeilen miteinander wird bereits deutlich, wie sich die Rhythmik der lines durch die verschiedene Anzahl an Silben verändert. Durch die Benutzung von mehr Wörtern und somit auch Silben zieht in eine Textzeile eine rhythmische Variation ein, die sich durch betonte und unbetonte Silben in dem Takt entfaltet. Während wir in der ersten Zeile mit nur einer unbetonten Silbe operieren, sind in der zweiten Zeile schon zwei unbetonte Silben vorhanden, die zu einer Rhythmik-Variation führen.

In Zeile drei tut sich eine weitere Steigerung der Silbenanzahl auf und auch hier stellt sich wieder die Frage, welche Silben betont werden sollten und welche nicht. Aus dem alltäglichen Sprachgebrauch würde sich folgende Form ergeben.

„ich DEN-ke GERN an DEi-ne FREUND-schaft"

In dieser Zeile zeigt sich eine weitere Schwierigkeit, die Rap mit sich bringt. Denn so eindeutig, wie hier die Betonungen dargestellt sind, sind sie nicht. Betrachtet man die Betonungen im Kontext der Taktrhythmik, so fällt auf, dass die betonten Silben genau auf den Einzelschlägen des Taktes liegen. Es wäre auch denkbar, das „ICH" oder das „AN" zu betonen – zumindest im alltagssprachlichen Umgang. Hier erhält nun eine zweite Erkenntnis Einzug: Rap orientiert sich am gesprochenen Wort, aber es ist nicht identisch mit dem gesprochenen Wort. Es kopiert die Natürlichkeit der Sprache durch die „normale" Verwendung alltagssprachlicher Betonungen, setzt diese aber gleichzeitig kompromissbereit auf die Rhythmik des Beats. Hieraus folgt, dass es auch unnatürliche Betonungsmöglichkeiten des Rap geben kann, wenn diese der Kunstform dienlich sind. Insgesamt gilt jedoch immer eine Orientierung an der alltagssprachlichen Aussprache.

Durch die in Zeile drei zusätzliche Abwechslung von unbetonten und betonten Silben und die Steigerung der Silbenanzahl verändert sich erneut die Rhythmik der Zeile.

In der letzten Zeile wird die Silbenanzahl wieder etwas reduziert. Während in Zeile drei neun Silben die Rhythmik bilden, sind es in Zeile vier nur sieben Silben. Von der Betonung könnte diese Zeile folgendermaßen klingen:

„GUT WIE du SIE be-ZEUGT hast"

Die Betonungen werden somit zu einem weiteren Element des Rap. Durch den Wechsel von Betonungen und Nichtbetonungen entsteht eine Sprachrhythmik, die dazu führt, dass die Sprache ähnlich einem Schlagzeug rhythmisch benutzt wird.

Hierbei spielen zwei Faktoren eine wichtige Rolle.

1. Die Betonung der Silben orientiert sich an der Alltagssprache.
2. Der Rap orientiert sich zusätzlich an den Viertelschlägen des Taktes.

Dies führt in der Konsequenz häufig dazu, dass Rap mit dem rhythmischen Sprechen auf Viertel verwechselt wird. Rapper sprechen innerhalb der rhythmischen Vorgabe von Vierteln und betonen nicht notwendigerweise die einzelnen Viertelschläge, während Nichtrapper gerne Worte auf die Viertel setzen und meinen, auf diese Weise zu rappen.

Dadurch entstehen häufig Texte, bei denen sich wenige Worte direkt auf die Schläge des Taktes legen. Hieraus folgt eine weitere wichtige Erkenntnis: Rap ist mehr als nur rhythmisches Sprechen auf die Viertel.

Der in dieser Einheit geschriebene Text ist in seiner Art und Weise ein Einstiegstext. Es könnte an dieser Stelle kritisch angemerkt werden, dass die Didaktik des Workshops die Kinder und Jugendlichen explizit in diese Richtung des Texteschreibens drückt, da die pädagogische Fachkraft mit dem Feeling der Viertelschläge arbeitet. Da allerdings genau dieses Feeling die Grundlage für das spätere Rappen ist, erscheint es notwendig, diese rhythmische Grundfigur zu etablieren, um auf ihr aufbauend die textlichen Möglichkeiten aufzuzeigen, mit denen man sich sprachlich aus dem Korsett der Rhythmik befreien kann.

Während des Workshops finden diese Überlegungen zu den unbetonten und betonten Silben keine so große Beachtung wie in den vorangestellten Ausführungen. Grund hierfür ist die Selbstverständlichkeit, mit der die Kinder und Jugendlichen und auch die pädagogische Fachkraft, so sie aus dem Rap kommt, mit diesen Betonungen umgeht. Allerdings ist es für all jene, die dem Rap nicht so nahestehen, eine wichtige Information, um die Texte im Feeling tatsächlich zu einem Rap werden zu lassen. Innerhalb des Rap-Workshops wird nun mit den fertigen Texten und den bewussten Betonungen so umgegangen, dass die pädagogische Fachkraft erneut einen Beat abspielt und die einzelnen Zeilen den Kindern und Jugendlichen vorrappt. Zeile für Zeile rappen die Teilnehmer*innen der pädagogischen Fachkraft nach und lernen so, die Rhythmik der einzelnen Zeilen zu übernehmen. So ist sichergestellt, dass alle die gleiche Rhythmik einhalten und man die Texte gemeinsam rappen kann. Wenn die Teilnehmer*innen alle vier bars problemlos gemeinsam rappen können, wird der Text um ein weiteres wichtiges Element erweitert.

6.2 Pausen

Die Pause ist, funktionell betrachtet, ein wichtiges Element des Rap. Nicht nur, dass über die Pause eine Zäsur in Rap und Inhalt durchgeführt werden kann, die Pause wirkt sich auch rhythmisch auf alle anderen Wörter innerhalb einer line aus.

Rap orientiert sich an der Alltagssprache. Dies außer Acht zu lassen, führt auch dazu, dass Nichtrapper gern die Vokale der einzelnen Worte künstlich lang ziehen und dadurch die Natürlichkeit der Worte verfälschen. Ich spreche in diesem Zusammenhang von einem Vokalzug. Dieser Vokalzug ist eine Folge bereits erwähnter falscher Annahmen in Bezug auf die Textkreation. Sehr häufig begegne ich der Annahme, dass die Textzeilen eines Rap-Songs wenige Worte beinhalten sollten. Die Gründe hierfür sind bereits weiter oben dargelegt. Da jedoch der Takt eine vorgegebene Länge hat, versucht der ungeschulte Interpret, die so entstehenden Lücken durch das Ziehen der Vokale der vorliegenden Worte zu kompensieren. Ein weiterer Grund scheint mir darin zu liegen, dass durch das Ziehen der Vokale eine Sprachmelodie produziert werden soll, die an gesungene Songs erinnert. Tatsächlich lässt sich diese melodiöse Art des Vokalzugs häufig bei Personen beobachten, die aus der Popmusik oder von gesungenen Stücken in das Rap-Fach wechseln. Da sich Rap allerdings als das gesprochene Wort versteht, bedarf es über die natürliche Sprachmelodie keiner weiteren gekünstelten Melodiebögen der Wörter. Der Vokalzug offenbart somit ein Fehlverständnis von Rap als solchem. Auch an dieser Stelle muss nochmals betont werden, dass der Vokalzug, bewusst eingesetzt, gleichsam auch als Stilmittel benutzt werden kann. Das wirkungsvollste und gleichzeitig wichtigste Element gegen diesen Vokalzug ist die Pause.

Mit dem bis hierin ausgeprägten Verständnis von Rhythmik, Beats und Taktung lässt sich das Grundprinzip einer Pause leicht erklären. Wenn wir durch die Rhythmik des Beats eine bestimmte Anzahl an Schlägen pro Zeile zur Verfügung haben, so bedeutet dies, dass wir eine bestimmte, passende Anzahl an Wortsilben auf diese Taktung unterbringen können. Ziehen wir einen Vokal, bedeutet dies, dass wir eine rhythmische Zählzeit innerhalb des Taktes füllen möchten, uns aber die rhythmischen Silben fehlen.

Das Ziehen der Vokale hingegen wirkt sprachlich unnatürlich, insbesondere an Stellen, an denen Vokale gezogen werden, die sonst nur kurz gesprochen werden, oder langgezogene Vokale, über die der Alltagssprache gewöhnlichen Ausdehnung hinaus, verlängert werden.

Das bedeutet, es werden rhythmische Elemente benötigt, die Zählzeiten binden und gleichsam die Natürlichkeit der Sprache aufrechterhalten. Diese Elemente heißen Pausen. Pausen sind das Schweigen innerhalb eines Taktes über eine gewisse Länge.

Durch eine Pause muss sich die gleichbleibende Anzahl an Sprachsilben neu auf den Takt verteilen. Dies führt dazu, dass es nicht mehr notwendig ist, Vokale lang zu ziehen.

Dieser Aspekt macht Pausen zu einem wichtigen Stilelement des Rap. Mithilfe der ersten Zeile des oben geschriebenen Textes soll dies konkretisiert werden. Die Zeile lautet:

„ICH LIE-ge IM BETT"

Wie bereits oben festgestellt, ist diese Zeile sehr kurz, also mit wenigen Silben, geschrieben. Das hat zur Folge, dass der Interpret dieser Zeile die Tendenz entwickeln könnte, die Vokale zu ziehen. Insbesondere das Wort „LIEge" könnte über seine natürliche Länge auf dem „LIE" unnatürlich verlängert werden. Eine Pause soll diese Gefahr verringern, weshalb der zweite Viertelschlag als Pause fungieren soll. Die Pause wird hier als „X" dargestellt. Die Zeile wurde dann wie folgt verändert:

1	2	3	4
Ich	(x)	liege im	Bett

Aufgrund dieser Pause müssen die folgenden Wörter reagieren, denn der Takt bleibt gleich. Auch die Zeit, die ich für die Worte habe, bleibt gleich, aber die Anordnung der Worte verschiebt sich, und meine Möglichkeiten der Sprache ebenfalls. Aus dem einsilbigen „im" auf Schlag drei wird nun ein dreisilbiges „LIE-ge im". Dieses hat notwendigerweise eine Tempovariation zur Folge. Das „LIE-ge" teilt sich nun den dritten Schlag mit dem „im", und dies führt dazu, dass es keine Möglichkeit mehr gibt, das „LIE-ge" übernatürlich lang zu ziehen. Das kleine Element der Pause bewirkt hier, dass dem Vokalzug vorgebeugt wird und gleichzeitig die Natürlichkeit der Sprache gewahrt bleibt. Rappt man dies nun den Kindern und Jugendlichen im Vergleich vor, so wird die gesamte Zeile plötzlich rhythmisch attraktiver, denn die drei ist nun triolisch gefüllt.

Im Workshop empfiehlt es sich, die Pausen mit einem Laut zu füllen, der später wieder aus dem Text herausgenommen wird. Ich empfehle hier ein „äh". Das hat den Vorteil, dass ein Laut in den Mund gelegt wird, um zu gewährleisten, dass die Pause definitiv eingehalten wird.

Eine weitere Konsequenz ist die damit einhergehende Veränderung der Betonung. Da nun „LIE-ge im" auf einem Schlag liegt, müssen die Wörter wieder neu betont werden, um ihre Natürlichkeit zu wahren. Die Zeile hieße dann also:

„ICH (äh) LIE-ge im BETT"

Pausen erfüllen somit einen Zweck in Bezug auf die Verteilung der Wörter auf den Takt, das rhythmische Sprechen und die Betonung der Einzelworte. Darüber hinaus verstärken sie zusätzlich die inhaltlichen Aussagen des Textes. Die Pause wirkt in einer Zeile wie eine Zäsur, ein kurzes Verweilen, das dem Hörer die Möglichkeit gibt, kurz durchzuatmen. Gleichzeitig baut eine

Pause immer Spannung auf, weswegen der Einsatz auch den Inhalt des Textes stützen kann und diesen sogar verstärkt. Nehmen wir zur Demonstration die Zeile drei:

„ich DEN-ke GERN an DEi-ne FREUND-schaft"

An jede Zeile sollten im Vorfeld drei Fragen gestellt werden:
1. Ist Platz für eine Pause vorhanden?
2. Wertet eine Pause die Zeile rhythmisch oder inhaltlich auf?
3. Wo soll die Pause eingefügt werden?

Diese drei Fragen sollten, wie eine Leitlinie, nacheinander abgehandelt werden. Lassen sich die ersten beiden Fragen mit Ja beantworten, so kann die Frage drei beantwortet und ein Platz für die Pause gesucht werden.

Die Prämisse der Pause soll es sein, den Inhalt des Textes zu verstärken und eine gewisse Spannung für den Hörer aufzubauen. Vor diesem Hintergrund gibt es aus meiner Sicht, für die oben erwähnte Zeile, zwei Möglichkeiten. Entweder setze ich eine Pause nach „ich DEN-ke" oder nach „an". Eine Pause nach „DEN-ke" impliziert, dass ich an dieser Stelle, in die Pause hinein, noch denkend bin und spiegelt im Rhythmus der Zeile die beschriebene Tätigkeit. Gleichzeitig fragt sich der*die Hörer*in an dieser Stelle, woran ich denn denke, und hat gleichzeitig den Raum, diese Frage zu stellen.

Eine Pause nach „an" impliziert im Grunde das Gleiche, gibt dem*der Hörer*in aber noch die Informationen mit, dass ich *gern* und *an* jemanden oder etwas denke. Die Frage des/der Hörers*Hörerin könnte sich hiermit in seiner Vorstellung verändern. Rhythmisch erscheint mir die Variante, eine Pause nach „an" zu setzen, interessanter, weil es ein kurzes Innehalten, einen Hauch des Verweilens gibt, bevor die Fragen des Zuhörers beantwortet werden. Die Zeile würde zu:

„ich DEN-ke GERN an (x) DEi-ne FREUND-schaft"

Von den Betonungen her müsste sich die Zeile nicht verändern, lediglich die Rhythmik bricht auf, indem es keine durchgehende Rhythmisierung auf die Viertel gäbe.

6.3 Mehr Wörter, mehr *flow*

Durch die Pausen ist es gelungen, die Zeilen eins und drei rhythmisch aufzuwerten. Doch schon die Zeile zwei bremst den *flow* der ersten Zeile wieder aus.

Flow? Was ist das? Unter *flow* versteht ein Rapper das Fließen der Wörter über den Beat. Allein in der Bezeichnung *flow* wird deutlich, dass Rap kein abgehacktes rhythmisches Sprechen meint, sondern ein sprachliches rhythmisches Fließen über den Beat. Den Unterschied ergibt die strenge Betonung der Viertel mit den Wörtern. Setzen sich die Wörter direkt auf die Viertel, betonen diese exorbitant und vermitteln somit das Gefühl von Marschmusik, ist kein *flow* vorhanden. Brechen allerdings die Zeilen rhythmisch, fließen sie mit vielen Worten einfach durch oder ziehen sie durch die Worte über den Beat, dann wird ein *flow* erzeugt. Zeile zwei bricht vor diesem Hintergrund den *flow* der Zeile eins radikal, nämlich durch den Marschmusikcharakter. Hier soll nun Abhilfe geschaffen werden. Derzeit sieht der Text folgendermaßen aus:

1	2	3	4
Ich	(x)	liege im	Bett
Dort	ist es	immer	nett
Ich denke	gern	(x) Deine	Freundschaft
gut	wie du	sie	bezeugt ha(s)t

Während die Zeilen eins und drei durch Pausen aufgewertet wurden, soll die Zeile zwei durch eine Veränderung der Wortanzahl zum *flowen* angeregt werden. Wie bereits unter 6.1 beschrieben, ist eine große Angst der Kinder und Jugendlichen, dass nicht genug Zeit für viele Wörter da wäre. Im Rap ist dies allerdings ein häufiger Trugschluss. Deswegen sollen der Zeile zwei weitere Wörter hinzugefügt werden. So könnte diese beispielweise lauten:

„Ich BLEI-be dort echt GER-ne, denn da IST es IM-mer NETT."

Durch das Einsetzen der Worte hat sich die Silbenzahl vervielfacht, und die Geschwindigkeit der Wörter muss entsprechend angepasst werden. Auch die Betonung wird sich anpassen, um gleichsam die Natürlichkeit der Wörter zu wahren.

Doch das Wichtigste: Nun *flowed* die Zeile. Gerade auch in Verbindung mit der ersten Zeile ergibt sich eine logische Weiterführung. Während die erste Zeile langsam – rhythmisch gebrochen auf dem zweiten Schlag – beginnt, nimmt die zweite Zeile Tempo auf und führt den Wortfluss über den Beat.

Daran schließt dann die dritte Zeile an, die eine inhaltliche Pause in sich trägt und den Hörer zum kurzen Verweilen anregt, bevor sich dann die vierte Zeile anschließt. Diese Zeile wird bewusst nicht verändert, um noch einmal deutlich auszumachen, wie sich die Zeilen voneinander unterscheiden.

Die Unterscheidung zu dem bloßen rhythmischen Sprechen wird nun explizit. Rap ist eine sprachlich-rhythmische Anordnung auf die Viertelschläge des Taktes in Orientierung an das normal gesprochene Wort, während rhythmisches Sprechen ein Sprechen auf die Viertel bedeutet.

Tipp

Auch wenn die Erklärungen aus diesem Kapitel zum Teil eher theoretisch gewesen sind, werden Sie feststellen, dass sie sich sehr gut praktisch umsetzen lassen. Lassen Sie die Kinder und Jugendlichen immer wieder die Zeilen rappen und fühlen, was es bedeutet, viele oder wenige Wörter zu benutzen, eine Pause oder keine Pause zu verwenden. Lassen Sie die Kinder und Jugendlichen zu den Rap-Übungen immer wieder aufstehen und sich bewegen. Ist der gesamte Körper involviert, fällt das rhythmische Erfühlen deutlich leichter. Sie können die Teilnehmer*innen sich auch bewegen lassen. Geben Sie eine Zeile vor, bei der beispielsweise eine Pause in der Zeile vorkommt und lassen Sie die Kinder und Jugendlichen auf den Pausenschlag klatschen oder stampfen, während sie sich im Raum bewegen. Je spielerischer Sie die Dinge vermitteln, desto natürlicher lernen die Teilnehmer*innen diese und nehmen sie auf.

P

Pädagogische Idee

Im Umgang mit Rap muss die pädagogische Fachkraft ein Grundwissen über die genrespezifische Sprache beherrschen. Nicht nur, um die Kommunikation mit den Teilnehmer*innen aufrechtzuerhalten, sondern auch, um das Genre selbst wahr und ernst zu nehmen. Die Wertschätzung des Genres führt zu einer Wertschätzung jener, die das Genre bedienen und hören. Hierzu gehört auch die bewusste Auseinandersetzung mit den Stilmitteln im Genre. Diese Auseinandersetzung ermöglicht es der pädagogischen Fachkraft, gemeinsam mit den Kindern und Jugendlichen, einen Einstiegstext zu kreieren, der sich leicht rappen lässt und sie an das eigene Texten heranführt. Die Veränderung der Ursprungstexte, durch das Einarbeiten von Pausen und Verwenden von mehr Wörtern, gibt den Teilnehmer*innen die Möglichkeit, sich sukzessive zu steigern und die Komplexität des Texteschreibens langsam und praktisch zu erlernen. In einer gemeinsamen Ausarbeitung komplexer werdender Texte werden die Kinder und Jugendlichen an die Hand genommen und an ihren Fähigkeiten und Möglichkeiten orientiert auf das selbstständige Arbeiten vorbereitet.

Mehrwert

Die Teilnehmer*innen erkennen, dass es grundsätzliche Möglichkeiten gibt, einen Text raptechnisch aufzuwerten, und können Pausen und Betonungen bewusst in den Text einarbeiten und benutzen, bis der Text *flowed*. Sie können die Wirkung von Pausen emotional wahrnehmen und kognitiv erklären. Darüber hinaus entwickeln sie ein Grundverständnis von Betonungen und können diese überlegt in den Kontext der Zeilen einbinden.

Übung 7: Verbindung von Text und Beat

Dauer: 10–15 Minuten
Vorbereitung: Vermittlung der Zusammengehörigkeit von Text und Beat
Durchführung: Emotionale Vermittlung von Beats und ihrer Strahlkraft
Material: Tafel oder Flipchart
Methode: Plenum
Ziel: Den Beat hören und emotional und textlich begreifen

Schauen wir einen Moment zurück. Mit den komplettierten lines, den Überlegungen zu den Betonungen und dem Pauseneinsatz kehren wir zurück zum Rappen. Bisher konnten die Kinder und Jugendlichen der pädagogischen Fachkraft die einfach formulierten Rap-Zeilen nachrappen. Mit der Bearbeitung der ganzen Rap-Zeilen, hinsichtlich Betonung, Pausen und *flow*, ist es nun möglich, an die Übung aus Kapitel 6.1 anzuschließen, diese allerdings um Betonungen, Pausen und *flow* zu erweitern. Um gewährleisten zu können, dass alle Teilnehmer*innen die gleiche Rhythmik der Worte verwenden, sollte die pädagogische Fachkraft zunächst damit beginnen, auf einem langsamen Beat jede line, bar für bar, vorzurappen und diese von den Anwesenden wiederholen zu lassen. Hierzu empfiehlt es sich, mit einer Geschwindigkeit von 70 bpm zu beginnen.

Wenn sich die Rhythmik und die Betonung der einzelnen lines verfestigt hat, lohnt es sich, über die Stimmung des Beats einen kurzen Moment nachzudenken. Die Art des Beats und der verwendeten Instrumente bestimmt nämlich zusätzlich auch die Stimmung des Hörers. Diese Stimmung schlägt sich dann wiederum in der Art des Rap nieder. Habe ich nämlich einen ruhigen, emotionalen Beat, der von Streichern getragen wird und in dem ein Piano sehnsüchtig plätschert, werden meine Worte gleichsam melancholisch einfühlsam gesprochen. Habe ich hingegen einen harten, aggressiven Beat, in dem die Drums pumpen und Trompeten schmettern, so wird mein Rap dieses Feeling übernehmen. Ganz unabhängig davon, ob sich der Hörer dieser emotionalen Übernahme bewusst ist, kommt es in den Raps selbst zum Ausdruck. Immer im Hinblick auf die Kreation eigener Raps, zu einem späteren Zeitpunkt, kann es sinnvoll sein, auf die Bedeutung der Beats für die Stimmung des Rap hinzuweisen.

Im Folgenden werden nun die abgespielten Beats um jeweils 10 bpm bis hin zu 130 bpm gesteigert. Mit jeder Steigerung der Geschwindigkeit spüren die Kinder und Jugendlichen, wie sich die Rap-Zeilen in der Interpretation verändern. Zusätzlich zu der Stimmung des Beats tut die Geschwindigkeit ihr Übriges. Im Laufe der Steigerungen der Geschwindigkeit ergeben sich nämlich Geschwindigkeiten des Beats, die dem Rap dienlich zu sein scheinen. Einige fühlen sich zu langsam an, bei anderen fühlt sich der Rap leicht und simpel an, als würde er fließen, und wieder bei anderen scheinen die Beats deutlich zu schnell, um die Wörter darauf noch präzise formulieren zu können. Die Steigerung der bpm-Zahl wirkt wie eine Herausforderung für die Kinder und Jugendlichen. Gleichzeitig wirkt der stetige Anstieg der bpm-Zahl wie ein Motivationsschub, um den Rap auf den beat zu bringen.

Aus pädagogischer Perspektive ist es interessant, dass diese Übung auch bestehende Hemmungen weiter abbaut. Denn die Geschwindigkeit bringt häufig auch Lautstärke mit sich, die auf die verschiedenen Teilnehmer*innen, über den Spaß am Rappen, enthemmend wirkt. An dieser Stelle spüren die Kinder und Jugendlichen, wie der Beat den Rap instrumentiert und wie der Rap auf den Beat reagiert.

Erweiterung

Auch an diesem Punkt des Workshops ist eine Erweiterung denkbar. So wäre es beispielsweise möglich, den Gedanken des Battle-Rap aufzugreifen und die Teilnehmer*innen in zwei Gruppen aufzuteilen und einander gegenüber aufzustellen.

Beide Gruppen werden nun zu Crews, die jeweils gegen die andere rappen sollen. Die Aufgabe der Crews soll es sein, die Anweisungen der pädagogischen Fachkraft bestmöglich in dem Rap umzusetzen. Der Rap selbst besteht weiterhin aus den vier gemeinsam formulierten bars. Die bessere Gruppe gewinnt. Wer die bessere Gruppe ist, entscheidet die pädagogische Fachkraft.

Mit Abspielen des Beats beginnt das Battle. Crew 1 hat die Aufgabe, zunächst hart auf die vier zu rappen. Das bedeutet, die Reime sollen überbetont werden. Crew 1 rappt den Text einmal durch und Crew 2 antwortet mit der gleichen Übung.

Hierbei trainieren Sie das Rappen in Bögen. Nicht die einzelnen Wörter des Textes erfahren besondere Bedeutung, sondern die vier, also der Reim.

Nun gibt die pädagogische Fachkraft nach und nach Anweisungen, wie sich die Crews verhalten sollen. Sie können die Lautstärke variieren. Damit trainieren Sie das genaue Hören auf den Beat und auch die Enthemmung im Rap vor anderen. Sie können aber auch Worte ziehen lassen oder Schläge mit Pausen versehen, sodass die Crews ihre lines anpassen müssen und flexibel benutzen.

All diese Übungen sollen dem Zweck dienen, zu rappen und über das permanente Wiederholen ein Gefühl für die Verbindung von Text, Beat und Sprache zu erlangen.

Je mehr die Kinder und Jugendlichen in die Situation versetzt werden, zu rappen, umso natürlicher gehen sie mit den Texten auf den Beat um. Angeheizt durch den Rivalitätsgedanken werden die Teilnehmer*innen versuchen, immer besser zu sein als die andere Crew.

Nach dieser Übung sind die Textzeilen wie eingebrannt und sie werden feststellen, dass die Kinder und Jugendlichen in den Pausen häufig diese vier Zeilen rappen werden.

Nun haben wir alle grundsätzlichen Fähigkeiten erlangt, um einen eigenen Rap zu schreiben.

P

Pädagogische Idee

Mithilfe dieser Übungen sollen die Kinder und Jugendlichen die Natürlichkeit der sprachlichen Verwendung von Rap spielerisch erlernen. Rap ist am gesprochenen Wort orientiert. Damit die Benutzung der Wörter auf einen Beat möglichst „natürlich" bleibt, bietet es sich an, die bars auf den Beat entsprechend zu üben. Das Vorrappen gibt den Teilnehmer*innen die Möglichkeit, sich an die Betonungen und die Art des Rap durch die pädagogische Fachkraft anzulehnen und sich so zu orientieren.

Das gemeinsame Rappen führt darüber hinaus dazu, dass die Angst vor dem Rappen gemindert wird und der Schutz durch die Gruppe gewährleistet ist.

Durch die Steigerung der Geschwindigkeit werden den Teilnehmer*innen zwei wesentliche Dinge bewusst. Zum einen stellen sie fest, dass das stete Üben ihnen Sicherheit gibt und sie dadurch im Stande sind, die Wörter immer schneller und dennoch rhythmisch korrekt zu sprechen. Zum zweiten nehmen sie die emotionale Veränderung der Raps durch die unterschiedlichen Beats deutlich wahr und entwickeln Spaß am Umgang mit Rap und Beats.

Diese beiden Dinge wirken motivationsfördernd und bauen gleichsam die Hemmung vor dem Rappen in der Gruppe ab. Da am Ende des Workshops eine Aufnahme stehen soll, ist gerade das enthemmte Rappen ein wichtiger Bestandteil, der möglichst früh in die Gruppe eingebracht werden sollte. Doch auch, wenn eine Aufnahme nicht geplant ist, steigert das enthemmte Rappen die Freude am Rap und sollte allein deswegen immer im Fokus aller Übungen stehen.

Übung 8: Die erste Schreibübung

Dauer:	20–40 Minuten
Vorbereitung:	Vermittlung eigener Textarbeit
Durchführung:	Schreib- und Reimübung
Material:	Papier und Stifte, Stühle und Tische
Methode:	Plenum
Ziel:	Anleitung zur eigenen Textkreation

Durch die folgende Übung sollen die Kinder und Jugendlichen konkret auf das Schreiben ihres eigenen Textes vorbereitet werden. Für diese Übung empfiehlt es sich, ein Setting zu wählen, bei dem alle Kinder und Jugendlichen gemeinsam um einen großen Tisch oder eine Tischkonstellation sitzen. Alle Teilnehmer*innen nehmen ein leeres Blatt Papier und einen Stift zur Hand. Mit dem Vorwissen der vorangegangenen Übungen sollen nun alle einen beliebigen Satz auf ihr Blatt schreiben und das letzte Wort unterstreichen. Wichtig hierbei ist, dass es sich nur um einen einzigen Satz handelt und keine Reime verwendet werden. Diese Aufgabe stellt einige Kinder und Jugendliche vor eine schwere Aufgabe, während andere, fast wie selbstverständlich, einen Satz zu Papier bringen.

Es kann hilfreich sein, an dieser Stelle zu betonen, dass wirklich jeder Satz in diesem Fall niedergeschrieben werden kann. Spricht ein Kind oder Jugendlicher davon, dass ihm nichts einfalle, so könnte dies sein erster Satz sein: „Mir fällt gerade gar nichts ein." Liegt vor einem anderen Kind oder

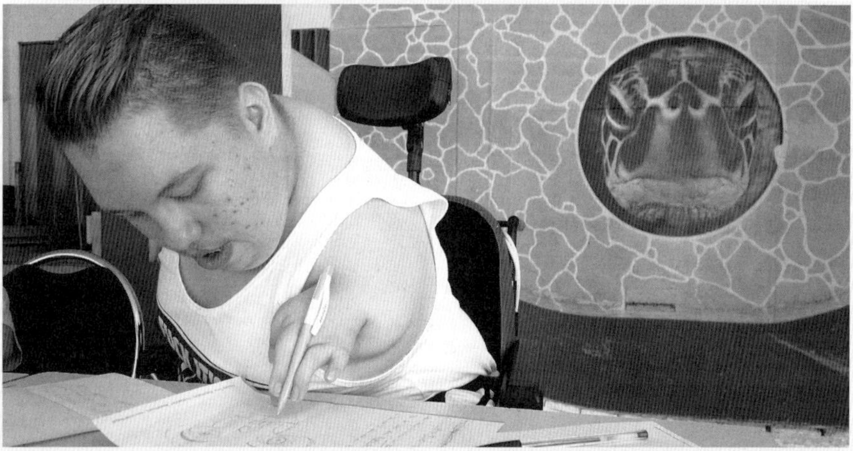

Jugendlichen eine rote Federtasche, so könnte der erste Satz lauten: „Vor mir liegt eine rote Federtasche." Häufig hilft dieser Hinweis den Kindern und Jugendlichen, etwas niederzuschreiben.

Hat nun jede Teilnehmerin und jeder Teilnehmer einen Satz geschrieben und das letzte Wort unterstrichen, wird das Blatt zu dem/der linken Nachbarn*in weitergegeben.

Hier erklärt sich nun, warum es gut ist, kreisförmig zu sitzen. Dadurch ist gewährleistet, dass alle Blätter zirkulieren können und niemand durch den Raum laufen muss. So wird eine unnötige Geräuschkulisse vermieden.

Jede*r der Anwesenden findet nun einen Satz auf seinem*ihrem Blatt, in dem das letzte Wort unterstrichen ist. Dieser Satz soll nun um einen weiteren Satz ergänzt werden. Auf das unterstrichene, letzte Wort des ersten Satzes soll ein Reimwort gefunden werden.

Erneut gehen alle Kinder und Jugendlichen in sich, und versuchen Sätze zu formulieren, die sich reimen. Erfahrungsgemäß kommt es immer wieder vor, dass ein*e Teilnehmer*in keinen Reim findet. An dieser Stelle dürfen die Nachbarn des*der Teilnehmers*in befragt werden. So unterstützen sich die Kinder und Jugendlichen gegenseitig und helfen sich bei ihren Sätzen.

Haben alle einen weiteren Satz niedergeschrieben, wird erneut das letzte Wort unterstrichen. Und wieder wird das Blatt im Uhrzeigersinn weitergereicht.

Es soll ein neuer Satz geschrieben werden. Da allerdings schon bar eins und zwei mit Reimen abgegolten sind, kann nun ein gänzlich neuer Satz, ohne Reim, geschrieben werden.

Es lohnt sich, darauf aufmerksam zu machen, dass eine erneut auf Zeile eins und zwei gereimte Zeile den*die Nächste*n in die Situation bringt, einen weiteren Reim in Zeile vier finden zu müssen. Manchen Kindern und Jugendlichen macht es Spaß, dieses Textspiel etwas zu erschweren. Hier finden sie den Raum dafür.

Haben alle Teilnehmer*innen ihre dritte Zeile verfasst und das letzte Wort unterstrichen, so wandert der Text erneut weiter, und wieder muss ein Reim auf das letzte Wort gefunden werden. Durch diese Übung vertieft sich der Zeilenaufbau im Rap.

Zwei Zeilen sollten sich stets reimen. Sind zwei Zeilen reimend verbunden, so kann die nächste Zeile ohne Reimbezug auf die Zeile zuvor geschrieben werden.

Dieses Spiel ist beliebig fortführbar. Wie bereits erwähnt, soll diese Übung eine Einführung in die eigene Textkreation sein, weswegen dieser Übung eine Vertiefung folgt. Aus diesem Grunde empfehle ich, nach einer Zeilenzahl zwischen vier und acht Zeilen die erste Übung zu beenden und in die zweite Übung überzugehen, die sich wie folgt gestaltet.

Erweiterung/Vertiefung

Ist das Textblatt beispielsweise acht Mal gewandert, so befinden sich acht bars auf jedem Papier. Diese bars können sehr verworren, vielleicht zusammenhanglos oder auch mit einer zu geringen Silbenanzahl geschrieben sein. Die folgende Übung soll diesem Umstand Rechnung tragen und gleichzeitig die Kinder und Jugendlichen auf die kommende Textarbeit vorbereiten. Der nun den Teilnehmer*innen vorliegende Text wird zur Textvorlage ihres ersten eigenen Textes. Die Worte in diesem Text sollen durch weitere Wörter ergänzt werden, wenn ihnen Zeilen zu kurz erscheinen. Sie können Wörter streichen, wenn ihnen die Zeilen zu lang sind. Sie können Zeilen umschreiben oder Reime verändern. Sie können in dem Text all das tun, was ihnen durch alle vorausgegangen Übungen über das Rappen aufgezeigt wurde. Mit anderen Worten: Die Kinder und Jugendlichen können den Text nun zu ihrem Text umarbeiten. Dabei soll der vorliegende Text als kreative Grundlage dienen.

Damit dies noch besser funktioniert, wird ihnen in der gesamten Zeit ein Beat vorgespielt, an dem sie sich orientieren können. Alle Kinder und Jugendlichen rappen die Zeilen „ihrer" Texte zunächst für sich und glätten die einzelnen bars, damit diese *flowen*.

Im Anschluss an diese beiden Übungen besitzen alle Teilnehmerinnen einen eigenen Rap-Text, der nun auch, wenn es Freiwillige gibt, im Plenum gerappt werden darf.

Mehrwert

Durch diesen Schritt vertiefen die Kinder und Jugendlichen die bisher theoretisch erlernten und praktisch vorgeführten Stilmittel und probieren sie selbst praktisch aus. Durch die praktische Anwendung können sie direkt mit den Stilmitteln operieren und ihre Wirkung auf den Text selbstständig erfahren. Die Kinder und Jugendlichen sind nun in der Lage, eigene Texte zu schreiben, diese auf dem Beat zu orientieren und sich der Betonungen, der Pausen, der Anzahl der Wörter und des *flows* bewusst zu sein.

P

Pädagogische Idee

Diese Übung trainiert alles, was die Kinder und Jugendlichen zum Texten brauchen. Da es sehr schwierig sein kann, eigene Texte zu kreieren, hilft diese Übung, in drei Schritten der Textkreation unter die Arme zu greifen. Im ersten Teil dieser Übung konzentrieren sich die Kinder und Jugendlichen primär auf die Suche nach Reimwörtern und formulieren ausschließlich einzelne Sätze. Durch die zirkulierende Methode sind alle Teilnehmer*innen gleichzeitig und gleichermaßen involviert und arbeiten dennoch als Gruppe gemeinsam. Bei Fragen zu Reimen können sie sich helfen. Außerdem müssen sie stets warten, bis alle Kinder und Jugendlichen ihren Satz fertig geschrieben haben, bevor alle zeitgleich ihr Blatt weiterreichen.

Im zweiten Teil der Übung wiederholen sie alles bis zu dieser Übung Gelernte und wenden es eigenverantwortlich an. Durch die Textvorlage können sie sich ausschließlich auf die Einarbeitung der Stilmethoden konzentrieren und dennoch eigene Textinhalte in den vorhandenen Text einfügen oder bei Bedarf rausstreichen. Im dritten Teil beginnen sie, ihre eigenen Vorstellungen von der Textpräsentation zu üben und zu rappen. Durch die Orientierung des Beats entwickeln die Kinder und Jugendlichen ein Schreibgefühl, das es ihnen ermöglicht, die Textvorlagen nach ihren Vorstellungen auf den Beat zu orientieren und die Texte zu ihrem Rap werden zu lassen. Alle hier praktisch erlernten Werkzeuge werden ihnen in der Bearbeitung und Kreation eigener Texte hilfreich zur Seite stehen.

Übung 9: Textarbeit mit bekannten Rap-Texten

Dauer:	45 Minuten
Vorbereitung:	Analyse bekannter Rap-Texte
Durchführung:	Textanalyse
Material:	Texte und Kopien für jeden, Tafel, Flipchart, Stifte unterschiedlicher Farben
Methode:	Plenum, Gruppen-, Partner- oder Einzelarbeit
Ziel:	Verständnisentwicklung von Rap-Texten

Die in diesem Kapitel dargestellten Praktiken können sowohl als Teil des Workshops als auch davon losgelöst, als eigenständige Übung, verstanden werden.

Je nachdem, welches Thema bearbeitet werden soll, lassen sich entsprechende Rap-Texte finden. Doch wie findet man diese Texte, wenn man nicht wenigstens einen groben Überblick über die Textmöglichkeiten besitzt?

Eine einfache Methode wäre es, die Kinder und Jugendlichen anzuweisen, Rap-Texte zu einem vorgegebenen Thema mitzubringen. Diese Methode bringt Vor- und Nachteile mit sich. Positiv lässt sich sagen, dass die Teilnehmer*innen primär Texte vorlegen werden, die sie selbst konsumieren. Auf diese Weise treffen sie mit den Texten das Interesse der Kinder und Jugendlichen selbst. Außerdem verschafft sich die pädagogische Fachkraft einen Überblick über die gehörte Musik.

Ein Nachteil dieser Methode könnte sein, dass sich die pädagogische Fachkraft nur schwer auf die vorliegenden Texte vorbereiten kann und Texte gefunden werden, die der pädagogischen Arbeit nicht hilfreich sind.

Innerhalb der letzten Eineinhalbjahre hat sich, insbesondere im Trap-Rap, einiges getan und die vornehmlich gehörten Songs beschränken sich auf fünf große Gebiete: Erstens, lila Scheine, das heißt Reichtum und Geld. Zweitens, Frauen, meist in Verbindung mit der Assoziation von Frauen als Gespielinnen des Mannes. Drittens, schnelle Autos. Viertens, Drogen, wobei insbesondere verherrlichende Darstellungen von harten Substanzen, etwa Kokain, vorkommen. Fünftens, stereotype Versionen von Erfolgsgeschichten, etwa derjenigen vom Drogenverkäufer zum Rap-Star. Pädagogische Fachkräfte sollten sich demnach unbedingt im Vorfeld auf diese Themen einstellen und vorbereiten. Außerdem ist es häufig die Funktion von Rap, die Elterngeneration zu provozieren. Mithilfe der expliziten Themen sollen die Eltern oft gereizt und aktiv Reibungen produziert werden. Im Zuge der Adoleszenz ist dies ein nachvollziehbares und auch gutes Verhalten, weil die Platzierung der Jugendlichen in unserer Gesellschaft über diese Reibung stattfindet und sie ihr

Selbstbild entwickeln. Diesen Punkt sollten pädagogische Fachkräfte stets im Kopf behalten, denn nur, wenn sie der Provokation fachlich begegnen, ist sie für ihre Arbeit und zum Wohle der Kinder und Jugendlichen auch zu nutzen.

Ob die pädagogische Fachkraft oder die Kinder und Jugendlichen Texte heraussuchen, ist letztlich der Entscheidung der pädagogischen Fachkraft selbst überlassen. Es sollte allerdings beachtet werden, dass es bei der Fülle an Rap-Texten zu nahezu jedem Thema eben auch Texte mit entsprechend fraglichen Inhalten gibt.

Für eine mögliche Textarbeit wird exemplarisch ein Text des Berliner Rappers Bushido gewählt. Bushido hat seinerzeit zahlreiche Diskussionen zu den Inhalten und Aussagen seiner Texte erzeugt und ist nun wieder in Erscheinung getreten, weil er Capital Bra, den zur Zeit angesagtesten Rapper, unter Vertrag genommen hat. Der Grund dafür, dass hier ein Text von Bushido gewählt wird, ergibt sich aus zwei Überlegungen.

1. Kinder und Jugendliche konsumieren gewaltverherrlichende, frauenverachtende, schwulenfeindliche, rassistische und moralisch fragwürdige Texte. Diese hier auszusparen, würde bedeuten, an der Realität vorbeizuarbeiten. Pädagogische Fachkräfte wissen, dass die Textrealität wie oben beschrieben aussieht. Dies soll keinesfalls eine Zustimmung zu den Inhalten bedeuten, sondern vielmehr dazu dienen, Umgangsweisen in der Praxis der Übungen zu erläutern.
2. Die pädagogischen Fachkräfte kennen die Diskussion um die Person und die Texte Bushidos. Ich möchte ihnen, mithilfe eines Textes von Bushido, Möglichkeiten an die Hand geben, wie sie auch alle anderen Texte problemlos bearbeiten können.

Auch wenn Bushido, trotz seines neuen Albums *Mythos* und der Trennung von einer libanesischen Großfamilie, mit der er zeitweise assoziiert wurde, keine große Rolle mehr für Jugendliche spielt, ist dies ein Text, der exemplarisch gut herangezogen werden kann. Anhand des Textes sollen die verschiedenen Möglichkeiten einer Textarbeit vorgestellt werden.

In diesem Kontext soll nur die erste Strophe betrachtet werden. Eine Ausdehnung der Textarbeit ist natürlich nach eigenem Interesse entsprechend möglich. Es soll darüber hinaus nicht die Qualität des Songs diskutiert, sondern ausschließlich die Bearbeitungsmöglichkeiten aufgezeigt werden. Der Song *Es kann beginnen* findet sich auf dem *Album 7* aus dem Jahr 2007. Der Text ist gut im Internet zu finden, etwa unter folgendem Link: www.songtexte.de/songtexte/bushido-es-kann-beginnen-9410072.html. Für den Einstieg in die Textarbeit ist hier insbesondere die erste Strophe relevant (bis zum Vers „Und du kannst weiter meine Skrupel suchen").

Anhand des Textinhalts sollte deutlich werden, dass dieser Text nicht für die Arbeit mit Kindern an Grundschulen geeignet ist. Mit Jugendlichen allerdings könnte dieser Text durchaus diskutiert werden, auch, weil er den Berliner (Gangsta-)Rap repräsentiert.

Sie werden im Laufe eines Rap-Workshops wahrscheinlich häufiger mit expliziten Texten konfrontiert. Diese spiegeln, auch im Maße ihrer Provokation, den Geschmack der Jugendlichen. Ziel dieser Workshops ist es auch, die eigenen Urteile über Textarbeit kontrollieren und hinterfragen zu lernen. Es ist aber in jedem Fall darauf zu achten, dass sich in der Gruppe niemand unwohl fühlt, wenn es zur Besprechung von grenzwertigen Passagen kommt.

Hier stellt sich auch die Frage: Wie stark muss eigentlich die pädagogische Fachkraft Position beziehen? Es ist sinnvoll, sich damit im Vorhinein zu befassen, schließlich stehen die Fachkräfte vor der Gruppe und behandeln einen Text, der eine Haltung von ihnen verlangt. In meiner Arbeit mit Kindern und Jugendlichen ist mir aufgefallen, dass es häufig die Frage der Jugendlichen zu meiner Positionierung zu den Textinhalten gibt. Ich bin hier ganz klar und spreche mich gegen Gewalt, gegen Hass gegenüber Menschen mit Einschränkungen, gegen Frauenfeindlichkeit und dergleichen aus. Als Religionslehrer ist es mir schnell möglich, an dieser Stelle religiös zu argumentieren, was häufig bei islamischen Jugendlichen eine starke Argumentationslinie ist.

Es kommt jedoch auch vor, dass die eigene Position nicht angesprochen wird. Ist es dann dennoch notwendig, seine eigene Position zu klären? Ich bin der Meinung, dass dies absolut notwendig ist. Wenn die Anfangsthese des Kapitels stimmt und Jugendliche die Texte gerne als Provokationsmoment zur eigenen gesellschaftlichen Entwicklung heranziehen, dann bergen diese Texte und die Diskussion über sie die große Chancen, indem die Reibung mit den Jugendlichen pädagogisch forciert wird. Die Jugendlichen können erkennen, warum wir unsere Gesellschaft mit bestimmten Augen betrachten und vor allem, warum Menschenrechte und ethische Grundvorstellungen zum Menschsein, Diskriminierungen nicht akzeptieren. Der Austausch führt jedoch von der Provokation über das Ernstnehmen der Ansichten zu einem Austausch über verschiedene Positionen hin zu einer Erkenntnis. Deswegen sollten die Fachkräfte immer ihre Position klarmachen und sich der Provokation gegenüber professionell verhalten.

Wie die Konfrontation mit homophoben, frauenfeindlichen oder anders diskriminierenden Passagen eingeordnet werden kann, bespreche ich weiter unten in Kapitel 9.4. Dort findet sich auch ein Beispiel für einen hochwertigen Rap-Text, der auf derartige Provokationen verzichtet.

9.1 Fragen zum Text

Zunächst stellt sich die Frage, wie der Text erschlossen werden soll. Da Rap einer Vermittlung durch Rapper bedarf, erscheint es notwendig, dass der

Text über einen Rapper erschlossen werden, also im Original gehört werden sollte. Aus diesem Grunde bietet es sich an, den Song im Original anzuhören und zusätzlich dazu den Songtext auszuteilen, damit die Jugendlichen mitlesen können. Nachdem der Song einmal oder mehrmals angehört wurde, schließt sich sinnvollerweise die Frage an, ob es Wortverständnisfragen gibt.

Wörter wie „Blutbad", „Piratensender", aber auch „Keck" und „Elton John" sind eventuell erklärungsbedürftig. Die „Friedenspfeife" oder sogar „Skrupel" könnten für einige Teilnehmer*innen nicht ganz eindeutig sein.

Untersuchen Sie also den Text auf Wörter, die für Jugendliche einer Erklärung bedürfen und erweitern Sie dann die Frage von den Einzelwörtern hin zu ganzen bars, die eventuell nicht verstanden wurden. Gibt es ganze Sätze, die nicht klar sind, oder ist der Textinhalt im Grundsatz verstanden?

An dieser Stelle ist es möglich, das erste Mal über den Text ins Gespräch zu kommen. Nicht nur die inhaltliche Primärdeutung und das Verständnis der Jugendlichen von dem Text, auch die persönlichen Gedanken der Jugendlichen zu dem Inhalt des Textes können hier zur Sprache kommen. Wieder davon ausgehend, dass die Jugendlichen die Texte gerne als Provokation heranziehen, wäre die folgende Zeile eine regelrechte Einladung zur gemeinsamen Interpretation.

Was bedeutet beispielsweise: „Deine Freundin heiratet am Standesamt den Schwanz, yeah"?

Die Jugendlichen können im Kontext von Schule, Jugendeinrichtung etc. ungestraft das Wort „Schwanz" aussprechen, weil sie sich auf eine Textzeile aus einem Song beziehen. Ebenso verhält es sich mit anderen vulgären Ausdrücken. Die Kinder und Jugendlichen ernst zu nehmen, bedeutet nun aber auch, sie ernsthaft nach dem Sinngehalt dieser Aussagen zu fragen. In der Regel passiert jetzt etwas Spannendes. Wenn die pädagogische Fachkraft die Zeile wiederholt und ernsthaft nach dem Sinn fragt, wird aus der Provokation Scham. Der Text funktioniert nicht mehr als Rückhalt, weil nun die Kinder und Jugendlichen selbst gefragt werden und nicht mehr die Meinung des Rappers herangezogen wird, sondern ihre eigene.

Die Kunst besteht darin, die Textzeile als provokatives Mittel zu verstehen und in diesem Moment nicht mit der ethischen Brille zu betrachten, sondern vor dem Hintergrund der pädagogischen Zielbetrachtung. Nun kann die Textzeile gemeinsam mit den Jugendlichen besprochen werden.

Es könnte etwa die Frage gestellt werden: Ist der Protagonist des Textes primär auf seine Triebe reduziert und somit „schwanzgesteuert"? Dann könnte die Aussage des Textes bedeuten, dass seine Freundin einen triebgesteuerten Menschen heiratet und somit einen Menschen, der auf sein Genital reduziert ist. Die Aussage würde jedoch primär über den Protagonisten geführt. Es könnte jedoch auch heißen, dass der Freundin des Protagonisten ausschließlich das Genital des Menschen wichtig sei, dann würde die Deutung der Zeile in die Richtung der Freundin weisen. Darüber hinaus könnte es jedoch auch sein, dass der Interpret des Songs nur eine Beleidigung aussprechen möchte und den Protagonisten als „Schwanz" tituliert.

Solche Debatten sind sehr erfrischend, weil sie zum einen die Präzision der verwendeten Wörter hinterfragen, und zum anderen eigene Gedanken der Jugendlichen in die Diskussion einbinden.

Erst nach diesem Schritt ist eine ethische Debatte wirklich interessant, denn jetzt sind die Jugendlichen für das Thema sensibilisiert und werden ehrliche Antworten zu den einzelnen Wörtern geben.

Sind alle inhaltlichen Fragen geklärt, lässt sich eine einfache Analyse des Textes anschließen.

9.2 Reime

Die Jugendlichen sollen drei Farben zur Hand nehmen. Eine Farbe zur Unterstreichung der *reinen Reime*, eine zur Unterstreichung der *unreinen Reime* und eine für Reime, die sie nicht klar zuordnen können.

Auf diese Weise gehen die Jugendlichen gedanklich in den Text und arbeiten analytisch mit dem vorhandenen Material. Stimmt die These, dass Rap beide Reimformen verwendet, so sollte auch dieser Text beide Formen aufzeigen. Sind schließlich alle Reime innerhalb des Textes unterstrichen, werden sie gemeinsam an der Tafel gesammelt, um eine bessere Übersicht über alle Reime zu bekommen. Folgendes Tafelbild könnte entstehen:

Reine Reime	Unreine Reime
Keck	Piratensender
Dreck	baden Gangster
Welt (gekommen)	Knast Schnaps
Geld (gekommen)	Massenmord
	Pass verloren
	Angst
	Schwanz
	Friedenspfeife
	(Vi)trine schmeiße
	Guten
	Suchen

Die Darstellung entspricht der Spezifizierung aus Kapitel 4.

In diesem Text finden sich zwei „Reimbesonderheiten", auf die sich einzugehen lohnt. In Zeile neun und zehn benutzt Bushido zweimal das Wort „gekommen" als Endwort einer Zeile. Hiermit verwendet er eine neue Form der Zeilenendung. Während es bis 1998 undenkbar gewesen wäre, Reime auf das gleiche Wort zu reimen, gibt es inzwischen einige Rapper, die dieses Tabu gebrochen haben. Tatsächlich hat Bushido diese „Reimform" etabliert. In dem vorliegenden Text wird der Reim durch die Wörter direkt vor dem Endwort der Zeile „gekommen" produziert, weswegen eine Abschwächung dieses „neuen" Stilmittels stattfindet.

Eine weitere Auffälligkeit der Reimverwendung ist der einsilbige, unreine Reim. In Kapitel 4 wurde erläutert, dass aus einsilbigen Wörtern in der Regel reine Reime resultieren. Die Wörter „Knast" und „Schnaps" wären allerdings ein Beispiel dafür, dass auch einsilbige, unreine Reime Verwendung finden.

Unter Hinzuziehung der Tabelle der verwendeten Reimworte fällt auf, dass unreine Reime deutlich häufiger benutzt wurden als reine Reime. Trotzdem werden nicht ausschließlich unreine Reime verwendet. Insgesamt lässt sich nun, gemeinsam mit den Jugendlichen, festhalten, dass diese Texte eine Reimansammlung von einsilbigen reinen und unreinen, mehrsilbigen unreinen Reimen und Wortdopplungen ist.

9.3 Betonungen

Da die meisten Rap-Texte mit dem gesprochenen Wort operieren, ist es natürlich auch möglich, die Betonungen der einzelnen Zeilen herauszuarbeiten. Genau wie in der Metrik in der Lyrik, können Hebungen (betonte Silben) und Senkungen (unbetonte Silben) der Stimme herausgearbeitet werden.

Es empfiehlt sich, bei dieser Arbeit zeilenweise vorzugehen. Zunächst wird eine Zeile aus dem Song angehört und danach sollen sich die Jugendlichen Gedanken über die verwendeten Betonungen innerhalb dieser Zeile machen.

Diese Übung ist sehr anstrengend, zeitintensiv und kann bei den Jugendlichen schnell zu Desinteresse führen, insbesondere, wenn man den gesamten Text auf diese Weise analysiert. Dennoch ist es sinnvoll, sich einige Zeilen genauer anzuschauen, um zu verdeutlichen, wie Profis Betonungen einsetzen.

Zur Verdeutlichung soll die erste Zeile des Textes auf Betonungen hin untersucht werden.

> Ihr wollt die Songs verbieten, guck, ich sende live von 'nem Piratensender.

Aufgrund der Schnelligkeit des Rap sind die Betonungen erst einmal gar nicht so leicht herauszuhören. Aus diesem Grunde empfiehlt es sich, die Zeile mehrmals zu hören, um schließlich zu einem Ergebnis zu gelangen. In diesem Zusammenhang kann es von Vorteil sein, wenn die sprachliche Verwendung des Satzes Einzug in die Überlegungen zu den Betonungen erhält. Schließlich orientiert sich Rap am gesprochenen Wort. Die Zeile würde sich nun wie folgt darstellen:

ihr WOLLT die SONGS ver-BIE-ten? GUCK ich SEN-de LIVE von 'nem pi-RAten-SEN-der

Hier zeigt sich noch einmal, wie stark Rap am gesprochenen Wort orientiert ist. Denn spricht man diese Zeile, ohne auf den Rap zu achten, betont man die einzelnen Worte ähnlich der oben analysierten Betonung. Sie würden das Wort „Piratensender" nicht „PI-ra-ten-sen-der", sondern immer „pi-RA-ten-SEN-der", mit klarer Betonung auf dem „RA" sprechen.

Diese Übung ist eine gute Hörschule, weswegen es sich anbietet, einige Zeilen etwas genauer zu betrachten und dabei festzustellen, dass das gesprochene Wort eine wesentliche Bedeutung für den Rap hat. Gleichzeitig muss allerdings auch gesagt werden, dass es sich um eine verbale Kunstform handelt und jede Betonung gleichzeitig auch eine Textinterpretation darstellt, die nicht unbedingt der normalen Wortbedeutung entsprechen muss. Deshalb spreche ich von *Orientierung* an dem gesprochenen Wort und nicht von *Gleichheit* mit dem gesprochenen Wort.

Der Abgleich zwischen den Betonungen des Rap und der des normal gesprochenen Wortes kann demnach zu weiteren Interpretationsmöglichkeiten führen, weswegen sich ein Abgleich lohnt. Dieser könnte beispielweise auch in Kleingruppen erarbeitet werden.

9.4 Inhalt und Ziele

Eines der wichtigsten Wörter des Rap ist *Realness*. Von Beginn an musste ein MC real sein, damit er sich das Ansehen der Masse verdiente. Dabei bedeutet *Realness* nichts anderes als „seinen Ursprung nicht zu leugnen und ‚wahr' zu erzählen, was sich abspielt" (Kage 2004, S. 68). Auch im Deutschrap spielt das *Realsein* eine bedeutende Rolle. Gleichzeitig transportiert jede einzelne Zeile eines Rapsongs eine *message*, eine Aussage.

Es sollte also möglich sein, die Einzelzeilen auf ihre Aussage hin zu überprüfen und zu erfragen, was die Gesamtaussage des Textes sei. Die Verbindung dieser beiden Annahmen, *Realness* eines Rappers und seine textliche Aussage, könnte eine Textarbeit, hinsichtlich der inhaltlichen Analyse, positiv beflügeln.

Die folgende Methode eignet sich in besonderer Weise, weil sie die Jugendlichen zu einem selbsterzeugten Erkenntniseffekt bezüglich des Textinhaltes anleitet.

Wieder geht die pädagogische Fachkraft gemeinsam mit den Jugendlichen den Text Zeile für Zeile durch. Diesmal wird jedoch inhaltlich gefragt, ob die Zeile glaubwürdig erscheint, *real* ist, oder nicht. Wir beginnen also mit der Zeile:

> Ihr wollt die Songs verbieten, guck ich sende live von 'nem Piratensender.

Ist es tatsächlich so, dass es Korrektivstellen gibt, die Bushidos Songs verbieten wollen und er deswegen von einem Piratensender aus sendet? Das Konzept des lyrischen Ich, das vom Autor der Zeilen zu trennen ist, steht hier also eher außen vor. In der Regel entbrennt an dieser Stelle stattdessen eine Debatte darüber, wie die Zeile im Zusammenhang mit Bushidos öffentlicher Person zu verstehen ist. Die Jugendlichen werden zu Experten der Materie und beginnen Pro- und Kontra-Argumente zu der Glaubwürdigkeit der Zeile zu formulieren. Einige Songs, so werden die Argumente lauten, seien auf dem Index. Er habe Untergrundtapes verkauft, die im Handel nicht mehr erhältlich seien. Schließlich muss es eine Einigung darüber geben, ob die Zeile glaubwürdig ist oder nicht. Wird sie als glaubwürdig eingestuft, so wird sie stehengelassen. Bei gegenteiliger Einschätzung wird sie gestrichen. Für die Zeile eins könnte nun gelten, dass es Menschen gibt, die die Songs verboten sehen möchten. Andererseits könnte infrage gestellt werden, dass Bushido von einem Piratensender aus sendet.

Die Zeile wird demnach wie folgt gestrichen:

> Ihr wollt die Songs verbieten, ~~guck ich sende live von 'nem Piratensender.~~

Mit jeder Zeile wird auf diese Art und Weise verfahren und immer wieder werden Diskussionen zu den einzelnen Zeilen geführt. Veranstaltet Bushido wirklich ein Blutbad und badet sich darin? Ist sein Lebensstil wie ein Ticket in den Knast?

Natürlich erleichtert es die Textarbeit, wenn man biografisches Hintergrundwissen zu dem Künstler besitzt und einschätzen kann, ob die Zeilen der Wahrheit entsprechen. Aber auch das Wissen der Jugendlichen und ihre Informationen werden ausreichen, um ein Gesamtbild des Textes zu erlangen. Ein durchgearbeiteter Text könnte dann etwa so aussehen, dass nur noch die erste Zeile, die letzte Zeile und eine Zeile in der Mitte übrig sind, während der Rest durchgestrichen ist:

Ihr wollt die Songs verbieten,
Schenk mir zum Geburtstag eine Kiste voller Schnaps yeah,
Und du kannst weiter meine Skrupel suchen.

Die sich aus dieser Übung ergebenden Erkenntnisse für die Jugendlichen lassen sich nun im Plenum besprechen. Durch das Wegstreichen der Zeilen wird den Teilnehmer*innen auch optisch deutlich, wie viele *reale* Zeilen in dem Part vorkommen und welchen Stellenwert authentische Zeilen haben können.

Die hier dargestellten Schritte sind mit jedem beliebigen Rap-Text durchführbar. Die Intensität der Textarbeit lässt sich dabei gut an dem Vermögen und der Motivation der Jugendlichen orientieren.

Tipp

Häufig ist Rap so explizit, dass es einem die Schamesröte ins Gesicht treiben kann, und sicherlich sind einige Textzeilen aus diesem Grund für die pädagogische Arbeit fraglich. Dennoch muss man sich vor Augen führen, dass die Kinder und Jugendlichen diese Texte konsumieren und es unsere Aufgabe als Pädagoge*in ist, die Kinder und Jugendlichen zu mündigen, verantwortungsvollen Gesellschaftsmitgliedern zu bilden. Hieraus erwächst wohl die Idee, diese Texte zu problematisieren. Sollte diese wortimmanente Methode Ihnen zu explizit sein, versuchen Sie es doch anders herum. Warum nicht einen Songtext von einem Concious Rapper hinzuziehen und ihn als Gegenbeispiel präsentieren? Sookee schrieb im Jahre 2014 einen vorläufigen Abschiedsbrief und problematisierte das patriarchalische und chauvinistische Menschen- und Frauenbild des Rap. Eine Fundgrube, um es den Texten der Gangsta-Rapper entgegenzustellen:

Rap war selten gut zu mir Rap hat mich immer geboxt
Hab viel zu oft mit Stift und Blatt in meinem Zimmer gehockt Ich hab niemals geefrestyled ich hab mich niemals getraut
Ich wollte lieber MC sein doch war immer wieder nur Frau
Es hat Jahre gebraucht bis ich mir meiner bewusst war
Bis ich ne Base und Fame hatte und dann kam die Verlustangst
Denn wer gibt den Status um den sie gekämpft hat gern auf
Vor allem, wenn man sich nach Zweifeln endlich selber vertraut
Meine Rolle nervt mich selbst, das tat sie von Anfang an
Na klar wär ich gern ausschließlich für dopes MCing bekannt
Dominanz braucht Widerstand und ich bin Leistungsträgerin
Wer aufrecht steht erfährt viel Gegenwind
Ich hab mir nen Namen gemacht Queerfeminist MC

Dis is mein siebtes release ich hab rap immer geliebt
Immer gepumpt und gefeiert doch noch mehr gehasst
Was hätt ich ohne diese rapper rapists alles verpasst
Und es stresst sie dass ich kritisier worüber sie sich auszeichnen
Glaubt mir ich würd mich auch lieber nicht übellaunig aufreiben
Doch wenn ich Scheiße sehe dann muss ich sie benennen
Ihr peilt nicht mal die Kritik ich bin nicht die BPJM
Ihr wollt alles zerficken zieht euch die Bilder die ihr zeichnet
Es ist schwer nicht an euch trotz gutem Willen zu scheitern
Und jetzt sagt nicht die Gesellschaft hätt euch zu dem gemacht
Was ihr seid ihr seid doch mächtige Männer gute Nacht
Ja ich bin dumm genug ich fall drauf rein ich reg mich auf
Ihr dominiertet die letzten zehn Jahre in meinem Lebenslauf
Sicher ich sollte schlauer und euch mit Ignoranz strafen
Und ich will mich auch nicht über Abgrenzung bekannt machen
Ja ich sollte drüber stehen und euch einfach übergehen
Mich auf mich selber konzentrieren und meine Wege klüger wählen
Doch es braucht ein paar stimmen die dagegenhalten
In dieser ewigen scheiße in diesem ekligen Gehype
Ihr sagt das sei nur Entertainment doch für mich ist das Gewalt
Ihr wisst wovon ich rede ihr wisst Bescheid
Ihr habt euch dagegen entschieden zu argumentieren
Und ich renn gegen Wände scheiße ich laber zu viel
Ich fühl mich machtlos für euch bin ich nur drei Löcher
Ihr seid Männer ihr seid die höheren Geschöpfe
Los stellt den Track schon aus ich verschwende eure Zeit
Zeigt ein bisschen Disrespekt zeigt was für Männer ihr seid
Meine Jungs schämen sich für eure Darstellung von Weiblichkeit
Und dafür, dass ihr euch in eurer Männlichkeit so einig seid
Eure Kinder werden euch dafür eines Tages mit Verachtung strafen
Sie haben euer Erbe als Last zu tragen
Und die Medien geilen sich an euch auf
Sie wissen genau, dass man mit einem Skandal mehr verkauft
Deutschland sieht keinen Anlass strukturell was umzugestalten
Aber Deutschland tät ohnehin gut daran den Mund zu halten
Und ich kalkulier die Sozialisation mit ein
Aber muss das Ergebnis von scheiße so boshaft sein
Andre haben auch Dreck gefressen und sind keine Idioten
Wisst ihr, lernen aus den Fehlern anderer ist nicht verboten
Ich seh den Kontext ich seh die Strukturen
Doch Schwule sind keine Faggots und Frauen sind keine Huren

> Ich seh das Unterschichtsbashing Rassismus und die Verletzlichkeit
> Doch Sexismus und Homophobie können nicht die Effekte sein
> Zumal so viele von euch Mittelschicht und Kartoffeln sind
> Die inszenieren, dass sie hart von diesem Leben getroffen sind
> Will nicht moralisieren und euch Erfahrung nicht absprechen
> Doch verweigert ihr euch und ich will nicht mal nen Machtwechsel
> Will mich nur nicht ständig scheiße fühlen wenn ihr scheiße verkauft
> Bastard, Bitch. Spast, Hurensohn regt doch keinen mehr auf
> Ihr seid nicht Spiegel der Gesellschaft ihr seid Teil der Gesellschaft
> Fang noch an euch zu glauben und nenn das dann Selbsthass
> Was zeichnet sich ab ihr gewinnt und ich kapitulier
> Ich bin seit zehn Jahren aktiv nun ist mir alles zu viel
> Wir haben Strukturen geschaffen 'ne eigene Szene entwickelt
> Doch ich vergifte mich an mir selbst bin das Gegenmittel
> Hab nicht die stärke einer Sarah Jones muss das Ende bestimmen
> Die Revolution wird nicht zwischen diesen Schenkeln stattfinden
> Blick ich zurück war es von Anfang ein ungleicher Kampf
> Mein erster Track war initial für meinen Untergang
> Ist mir scheiß egal wenn ihr findet dass ich hier nur rumheule
> Ich lad dich ein in meinen Kopf komm doch mal rum keule
> Ich bin paranoid und rechne direkt mit einem Spruch von dir
> Ich geb Gehirn und dann hast du genug von mir
> Ihr denkt ich strapazier das über das sei nicht relevant
> Für mich ist das lebenslang ein Gegenstand
> Alles was mir bleibt ist mein Mut zur Schwäche
> Wann hat ein Mann je gezweifelt ob es ihm zusteht zu rappen
>
> Sookee, Vorläufiger Abschiedsbrief, Lila Samt 2014

Eine letzte Methode sei hier auch noch angeführt. Sie können beispielweise zwei Texte des gleichen Rappers nehmen und die Authentizität dieser Aussagen in Beziehung zueinander stellen.

Capital Bra, einer bei den Jugendlichen derzeit sehr angesagter Rapper, schreibt beispielsweise in seinem Song *Nur noch Gucci*:

> Fahr' am Ku'damm im Ferrari, lass' die Bitches gucken / Ja, mein Handy ist am Klingeln, ich versorg' die Kunden

In seinem Song *Mama, bitte wein nicht* jedoch beschreibt er das Leben eines Kriminellen und bereut seine Taten. So sagt er zu seiner Mama: „Ich stell mir vor, dieses Leben könnte anders sein / Nie wieder Geldprobleme, nie wieder muss Mama wein."

Über diese Texte können Sie die Ansichten des Rappers problematisieren und umgehen das Spiel mit den expliziten und diskriminierenden Texten. Auf gleiche Weise lassen sich die Texte von KMN oder anderen Rappern, die derzeit Hochkonjunktur haben, beleuchten.

Exkurs

An dieser Stelle muss ergänzend die Frage aufgeworfen werden, ob diskriminierende Texte überhaupt in die Schule gehören oder ob wir uns dieser Stücke verweigern sollten. Als Pädagoge ist es mir wichtig, dass wir unsere Kinder und Jugendlichen bilden. Sie sollen selbstverantwortlich, mündig, kritisch und besonnen sein. Als Christ ist es mir wichtig, dass sie nächstenliebend sind, und als sozialer Mensch in unserer Gesellschaft möchte ich unsere sozialen und rechtlichen Grundannahmen einer Gesellschaft geschützt sehen. Vor diesem Hintergrund scheint es mir notwendig, unsere Kinder und Jugendlichen mit Aussagen zu konfrontieren, deren Bedeutung sie häufig, so scheint es mir, nicht durchdenken oder nur konsumieren. Gleichzeitig habe ich in manchen Bereichen das Gefühl, als würden wir uns fast doppelmoralisch als Parentalgeneration hinstellen und moralische Verwerflichkeit von Texten und Musik propagieren, während unsere Kinder und Jugendlichen die Verwerflichkeit mehr als eine Art Erscheinung wahrnehmen und als Abbild unserer Gesellschaft, die häufig nicht moralisch ist.

In diesem Spannungsfeld zu agieren, bedeutet ja, wir müssen politische, soziale, ethische und religiöse Themen auch konfrontativ angehen und unseren Kindern und Jugendlichen Meinungen aufzeigen, aus denen sie sich als bildungsstarke Menschen eine eigene bilden können. Vielleicht ist das häufig moralisch propagierte Verhalten unsereins ein Spiegel unserer Sorge um unsere Kinder und Jugendlichen. Vielleicht unterschätzen wir aber auch ihre Fähigkeit, selbstständig Meinungen zu bilden. Deswegen sollte ein Diskurs grundsätzlich immer möglich sein.

9.5 Bilder und Vergleiche

Rap ist eine bildhafte Sprache. Deswegen kommt kaum ein Rap-Text an Vergleichen oder Bildern vorbei. Ein Bild bietet einen enormen Vorteil, denn durch die Verwendung eines Bildes wird beim Hörer ein Assoziationsraum geöffnet, den eine Umschreibung oder eine konkrete Darstellung so nicht erreicht hätte. Somit können Bildvergleiche den Textinhalt stützen, komplettieren oder gar überhöhen. Einige Beispiele sollen diese Darstellung genauer beleuchten.

In dem Song *Geh bitte* von den Absoluten Beginnern gibt es folgende Zeilen: „Hast so viel Stil, wie ein Cornetto-Eis und so viel Plan von coolen Beats, wie Abels Bruder heißt" (Absolute Beginner, *Geh bitte, Bambule*, 1998).

In dieser Zeile paaren sich Wortwitz mit cleverem Ausdruck und gleichzeitig kann der Vergleich durch das gemalte Bild nur verstanden werden, wenn ein bestimmter Wissenshorizont in Bezug auf das Cornetto-Eis und die biblische Brüdergeschichte von Kain und Abel gegeben sind. Da Cornetto ein Waffeleis ist, besitzt es keinen Stiel. Eißfeldt rappt in dieser Zeile, dass der Konsument der Zeile so viel Stil hätte wie ein Cornetto-Eis und bezieht sich hierbei auf den Stiel, der zwar anders geschrieben, aber gleich gesprochen wird. Der Konsument hat dementsprechend keinen Stil, so die Aussage. In der zweiten Zeile wird es noch komplizierter. In der biblischen Geschichte erschlug Kain seinen Bruder Abel, weil er, aufgrund eines von Gott nicht angenommenen Opfers, zornig auf ihn war (Genesis 4, 1–16). Eißfeldt eröffnet den Vergleich, dass der Hörer so viel Plan von coolen Beats hätte, wie Abels Bruder hieße. Dieser heißt Kain. Nun wird „Kain" wieder anders geschrieben als „kein", aber die Aussage der Zeile würde – aufgrund der Homophonie beider Wörter – dass der Hörer *keinen* Plan von coolen Beats hätte.

In dem Song *Bonnie & Clyde* von Moses P und Cora E heißt es bei Cora E:

„Dass du schwitzt wie 'ne Hure in der Kirche bei der Beichte / Wir spielen Klavier mit dir wie Stevie Wonder / Deine Popshow ist affiger als die von Ronny ja / Cora kann Gesichter wechseln wie Madonna / schick deine ganze Crew zu Bett und dein Problem an Dr. Sommer" (Moses Pelham, *Bonnie & Clyde*, 2000).

In diesen Zeilen spielt Cora E mit Assoziationen zur katholischen Kirche, insbesondere von Sünde und Sündenvergebung. Außerdem wird in der Zeile mit dem Plattencover zu Ronny's Popshow gespielt, auf dem grundsätzlich ein Affe dargestellt ist.

Mithilfe dieser Beispiele wird die textliche Qualität eines guten Vergleichs sehr deutlich.

Ein anderes Beispiel finden wir in dem Song *Masafaka* von Sido feat. Savas:

„Er wär' gerne ein Rapper, dieser Böhmermann. Aber auch die größte Katze kann nicht, was der Löwe kann" (Sido, *Masafaka, Das goldene Album*, 2016).

In diesem Fall wird ein Bild auf eine ganz andere Weise eingesetzt. Zunächst ist es wieder wichtig, ein bestimmtes Hintergrundwissen zu besitzen. Jan Böhmermann persiflierte mit einem Rap-Song die Rap-Szene, worauf in der ersten Zeile von Sido Bezug genommen wird. In der zweiten Zeile wird dann ein Bild eingesetzt, um die Verhältnismäßigkeiten zwischen Rap und dem, was Böhmermann gemacht hat, zu verdeutlichen.

Im Kontext von Schule und Jugendarbeit sind die benutzten Bilder eher aus der Lebenswelt der Kinder und Jugendlichen zu denken und entsprechend in ihre Lebenswirklichkeit zu setzen. In einem meiner ersten Workshops waren nur Jungs anwesend und diese wollten unbedingt einen Song zu Frauen machen. Einer der Jungen sagte mir, er kennen ein Mädchen, das Augen wie Sterne habe. Ich schlug ihm die Zeile vor: „Deine Augen funkeln wie ein Stern." Daraufhin sagte er mir, es sei nicht nur ein Stern, es sei eher wie eine ganze Galaxie. Daraufhin schrieb er: „In deinen Augen spiegelt sich eine ganze Galaxie." Dieses Beispiel zeigt auf, wie man mit Kindern und Jugendlichen zu Vergleichen und Metaphern gelangen kann. Die Vielfältigkeit der Ideenwelt der Kinder und Jugendliche scheint hier fast grenzenlos.

An dieser Stelle dient das eingesetzte Bild als Konkretisierung des Umstandes und verdichtet in einer Zeile, was eine Ausführung nur mit vielen Zeilen umschrieben hätte.

Bilder und Vergleiche sind ein grundsätzliches Stilmittel von Rap und können in den Rap-Texten der Profis problemlos gesucht, gedeutet und analysiert werden.

Tipp

Denken Sie an Ihre Schulzeit. An den Deutschunterricht und die Dichter, die Sie während dieser Zeit kennenlernen durften. Vielleicht kommen Ihnen Namen wie Goethe, Schiller, Storm oder Gryphius in den Sinn. Diese Dichter sind stil- und zeitprägend gewesen, besondere Lyriker unserer Kulturgeschichte. Die Vermittlung von Lyrik wurde also primär über die Qualität der Dichtung erlernt. Im Rap scheint es eine umgekehrte Operation zu geben. Rap-Texte werden häufig mit dem Reflex der Abschreckung behandelt. Mehrfach wurde an mich der Wunsch herangetragen, mal einen schlechten Rapper zu analysieren, auf die Wertigkeit seiner Texte abzuzielen und ihn quasi zu entblößen. Ich möchte an dieser Stelle eine Lanze dafür brechen, sich auch die guten Rapper anzuhören, an ihnen zu lernen und den Kindern und Jugendlichen zu vermitteln, dass es Rapper gibt, die wortgewichtige, inhaltsschwangere Themen und ausgewählte Reimstrukturen benutzen. Dass es einfach gute Rapper gibt, mit denen auf hohem Reflektionsniveau gearbeitet werden kann, erscheint mir, gerade in Bezug auf den Vergleich zur Dichtkunst, sehr sinnvoll.

Mir ist bewusst, dass viele pädagogische Fachkräfte meinen, dass die Texte, mit denen sich die Kinder und Jugendlichen beschäftigen, auf den Prüfstand gestellt werden sollten, um dadurch eine intrinsische Veränderung ihrer Hörgewohnheiten hervorzurufen. Ich möchte mich explizit nicht gegen diese Annahme stellen. In Bezug auf den pädagogischen Ansatz der Lyrikvermittlung möchte ich jedoch, dass die Jugendlichen von den guten Rappern lernen, wie man Texte schreibt, und ihnen positive Orientierung geben. Ich halte das für sinnvoller, als sie an einem negativen Beispiel motivieren zu wollen, gegenteilige Texte zu schreiben. Von diesen wortgewichtigen, inhaltsstarken Rappern gibt es einige, wie beispielweise Dendemann, Umse, Chefket, Amewu, Sookee oder Herr von Grau, um nur eine kleine Auswahl zu benennen. Diese Rapper stellen sich gegen die unnötige Verwendung von Fäkalsprache und sind dennoch in der Lage, vollwertig zu rappen und zu *flown*. Die analytische Arbeit mit diesen Rappern ist eine wahre Fundgrube.

Vielleicht wäre es wert, über diesen Ansatz einmal nachzudenken. Vielleicht würde dies auch dazu beitragen, dass sich die Kinder und Jugendlichen häufiger auf die Suche nach guten künstlerischen Rap-Texten begeben, und dass auch Radiosender und Onlineplattformen beflügelt würden, diese Künstler bekannter zu machen.

Mehrwert

Die Kinder und Jugendlichen erkennen die Vielschichtigkeit von Bedeutungsebenen und lernen am konkreten Textbeispiel, wie Struktur und Inhalt ineinandergreifen und welche Bedeutung die inhaltliche Ebene eines Textes haben kann. Durch die analytische Bearbeitung und die interpretatorische Besprechung des Textes erlernen sie einen indirekten Umgang mit ihren eigenen Texten und entwickeln ein Gefühl für die kreativen Möglichkeiten, die in einem Rap-Text stecken können.

P

Pädagogische Idee

Durch die Beschäftigung mit Rap-Texten ermöglicht es die pädagogische Fachkraft den Kindern und Jugendlichen, die Grundlagen zu lernen. Die Kinder und Jugendlichen werden zu Profis und können ihre Kompetenzen in Bezug auf Hörgewohnheit und Textverständnis einbringen. Gleichzeitig bietet ein Rap-Text Strukturähnlichkeiten zur Lyrik. Nicht selten wird Rap auch als moderne Dichtung verstanden. Die analytische Arbeit an einem Rap-Text kann somit die Interessen der Kinder und Jugendlichen mit denen eines Deutsch- oder Musiklehrers zusammenbringen und den Erarbeitungsprozess beflügeln. Durch die Auswahl der Texte ist es der pädagogischen Fachkraft möglich, die Interpretationsrichtung maßgeblich zu beeinflussen und dennoch den Interpretationsraum weit genug zu öffnen, um die Kinder und Jugendlichen kreativ-analytische Aussagen treffen zu lassen.

Außerdem ist es den Kindern und Jugendlichen möglich, durch die angeleitete Analyse neue Erkenntnisse in Bezug auf den Rap-Text zu erlangen, die Tiefe des Textes besser zu durchdringen und in Bezug auf ihre eigene Textarbeit wertvolle Ideen abzuschöpfen.

Übung 10: Themenwahl

Dauer: 10 Minuten
Vorbereitung: Ein Thema für alle Texte
Durchführung: Themen aufschreiben und wählen lassen
Material: Tafel oder Flipchart
Methode: Plenum und Einzelarbeit
Ziel: Wahl eines gemeinsamen Oberthemas für die Texte

Die pädagogische Arbeit lebt von der Partizipation der Teilnehmer*innen an dem Projekt. Um möglichst alle Stimmen in dem Workshop abbilden zu können, empfiehlt es sich, ein Thema zu finden, zu dem alle etwas zu sagen haben. Schließlich soll am Ende des Workshops ein eigener Rap zu einem bestimmten Thema geschrieben und gerappt werden. In den meisten Fällen ist es möglich, dass sich die Kinder und Jugendlichen ihr Thema frei wählen. Es kommt allerdings auch vor, dass ein Financier des Workshops eine klare Vorstellung der thematischen Behandlung einbringt. In diesem Fall würde die hier aufgezeigte Methode entfallen. Im Beispielworkshop soll die Möglichkeit der eigenen Themenwahl gegeben sein.

Zunächst werden die Kinder und Jugendlichen nach ihren Themenvorstellungen befragt. Alle Themenoberbegriffe werden gesammelt und nacheinander an die Tafel gebracht. Wichtig hierbei ist der Hinweis, dass die Kinder und Jugendlichen alle Themen nennen können, zu denen sie etwas sagen können. In der Regel werden Themen wie Liebe, Freundschaft, Familie, Gewalt, Straße und Freizeit benannt. Allerdings gibt es darüber hinaus noch zahlreiche andere Themen. Es wird solange nach Themen gesucht, bis wirklich alle Ideen aus dem Raum an die Tafel gebracht wurden.

Das entstandene Tafelbild könnte beispielsweise wie folgt aussehen:

Familie   Straße   Krieg
Freundschaft   Drogen
Zukunft
Liebe   Freizeit   Tiere
Gewalt
Rap
Schule   Geld

Um sicherzugehen, dass alle Teilnehmer*innen mit den an die Tafel gebrachten Begriffen etwas anfangen können, werden nun alle Themenoberbegriffe nochmals vorgelesen und notfalls hinterfragt. Sind alle Begriffe geklärt und keine weiteren Fragen mehr im Raum, kann jede*r Teilnehmer*in zwei Punkte auf die Themen vergeben.

Möchte jemand beispielweise über das Thema Krieg rappen, so setzt die*der Teilnehmer*in einen Punkt neben das entsprechende Thema. Interessiert sie*ihn außerdem das Thema Schule, dann setzt sie*er einen zweiten Punkt neben dieses Thema. Ist jemand allerdings schon sicher, dass sie*er unbedingt ein besonderes Thema wählen möchte und kein anderes für sie*ihn in Frage kommt, so ist es ihr*ihm auch möglich beide Punkte an dieses eine Thema zu vergeben.

Ist allen Kindern und Jugendlichen das Procedere deutlich, werden sie aufgefordert, gleichzeitig an die Tafel zu kommen, um ihre Punkte entsprechend ihrer Vorlieben zu vergeben. Nach dieser Methode ergibt sich ein Stimmungsbild, welches das Interesse der Kinder und Jugendlichen widerspiegelt. Sollte ein Oberthema die meisten Stimmen auf sich vereint haben, so ist dies das Thema, zu dem gerappt wird. Es wäre allerdings auch denkbar, dass zwei Themen gleich viele Punkte bekommen haben. In diesem Fall sollte es eine weitere Abstimmung geben. Allerdings stehen für diese Wahl nur noch die beiden Themen zur Disposition, die gleich viele Punkte bekommen haben und jede*r Teilnehmer*in erhält nur noch einen Punkt zur Vergabe.

In dem Workshop könnte nach der Abstimmung folgende Punktevergabe erfolgt sein:

Liebe hat die meisten Punkte bekommen und ist somit das Rap-Thema der Gruppe.

Tipp

Nicht selten fühlen sich einige nicht in der Lage, etwas über Liebe oder ein anderes sensibles Thema zu schreiben oder sind enttäuscht, dass ihr Thema

P

Pädagogische Idee

Rap ist eine Kunstform, die das Erleben der realen Welt verbalisiert und authentisch in Texte umformt. Für die Kinder- und Jugendarbeit bedeutet dies, dass die Themen, die in einem Workshop zur Auswahl stehen, Themen der Kinder und Jugendlichen sein sollten, damit diese authentisch bearbeitet werden können. Je eher die Themenwahl in den Händen der Kinder und Jugendlichen liegt, desto eher wird man diesem Faktum gerecht. Die oben gewählte Methode versucht, die Themenwahl so nah wie möglich an die Interessen der Kinder und Jugendlichen heranzubringen und ihnen die Auswahl zu überlassen. Im Zuge eines demokratischen Grundverständnisses wird den Teilnehmer*innen per Mehrheitsentscheid die Wahl über das Thema gelassen. Da in Gruppenzusammenhängen häufig auch Druckkulissen eine Wahl beeinträchtigen können, sollen alle Teilnehmer*innen gleichzeitig an die Tafel kommen, um so die Absprachen und Kontrollen durch andere zu verwirren. Natürlich wird es dennoch Absprachen und Beeinflussungsversuche geben, aber durch die gleichzeitige Aktion aller Beteiligten kann die Intensität vermindert werden.

nicht gewählt wurde. An dieser Stelle kann es helfen, wenn darauf aufmerksam gemacht wird, dass Liebe eher als Oberthema fungiert. Die meisten anderen Themen können sich innerhalb des Oberthemas wiederfinden. Will jemand beispielweise unbedingt über ihre*seine Familie schreiben, so kann sie*er dies tun, indem sie*er die Liebe zu ihrer*seiner Familie beschreibt. Selbst Themen wie Krieg oder Gewalt können sich dem Oberbegriff Liebe unterordnen. Durch diesen Hinweis sind die meisten Kinder und Jugendlichen schnell beruhigt und lassen sich auf das Thema ein.

Schülerbeispiele

Die meistgewählten Themen in Workshops:

Liebe	Hobbies
Geld	Zukunft
Freunde	Musik
Straße	Heimat (Willkommensklassen)
Schule	Familie
Leben	Sehnsucht

Die außergewöhnlichsten Themen:

Song über …, uns fällt nichts ein	Urlaubsziele
Streitschlichter	Panther
Fabelwesen	Stift und Papier
Gummibärchen	Fortnite
Harry Potter	

Übung 11: Beatauswahl

Dauer:	15 Minuten
Vorbereitung:	Beatsuche
Durchführung:	Beatauswahl durch Anspielen diverser Beats
Material:	Stifte, Blatt, Beats und Abspielgerät
Methode:	Einzelarbeit
Ziel:	Wahl eines gemeinsamen Beats zum benannten Thema

Nach erfolgreicher Themenwahl sollte ein passender Beat gefunden werden. Es empfiehlt sich, den Beat erst nach dem Thema auszuwählen, weil der Beat die emotionale Stimmung des Rap wesentlich beeinflusst. Würde man umgekehrt vorgehen, könnte es passieren, dass ein Thema nicht gewählt wird, weil es stimmlich nicht auf den Beat zu passen scheint.

Durch die Sensibilisierung für den Beat können die Teilnehmer*innen sehr genau einschätzen, welcher Beat zu ihren textlichen Vorstellungen passen könnte und worauf sie achten sollten. Die thematische Festlegung im Vorfeld hilft ihnen dabei, den passenden Beat zu ihren Gedanken zu finden. Da insbesondere die Geschwindigkeit des Beats das Schreiben der Texte beeinflusst, ist es ein ratsames Mittel, die Kinder und Jugendlichen dazu zu ermutigen, bei der Auswahl eines Beats ein paar Zeilen auf diesen zu rappen, um ein Gefühl für die Geschwindigkeit des Beats zu bekommen.

Es empfiehlt sich, einige Beats zur Auswahl bereitzustellen, damit sich möglichst viele der Kinder und Jugendlichen mit ihren textlichen Vorstellungen in einem der Beats wiederfinden können.

Im nächsten Schritt soll nun gemeinsam ein Beat gefunden werden, auf den im Anschluss die Texte kreiert werden. In diesem Workshop sollen zehn Beats unterschiedlicher Geschwindigkeiten und Stimmungen zur Verfügung stehen, aus denen ein gemeinsamer Beat ausgewählt werden soll. Zunächst schreiben sich alle Anwesenden die Zahlen 1–10 untereinander auf ihr Blatt. Diese Zahlen entsprechen den zur Wahl stehenden Beats. Sollten nur zwei oder drei Beats zur Auswahl stehen, verändern sich selbstverständlich die niedergeschriebenen Zahlen entsprechend.

In diesem Zusammenhang sollte unbedingt auch darauf hingewiesen werden, dass es bei der Verwendung von Beats Richtlinien und Vorschriften gibt. Bitte denken Sie daran, dass es geschützte Melodien gibt, und machen Sie sich mit den geltenden Richtlinien vertraut, wenn Sie Beats von offenen Plattformen aus dem Internet verwenden. Da wir in unserem

Projekt ausschließlich selbstproduzierte, GEMA-freie Beats verwenden, liegen alle Rechte unserer verwendeten Beats bei uns.

Haben alle Teilnehmer*innen ihre Zahlen auf das Papier gebracht, so werden die einzelnen Beats nacheinander angespielt. Immer mindestens so lange, bis ein Takt lang die Drums in dem Song gelaufen sind. Durch die Drums erhält der Beat seinen klaren Rhythmus, der es den Kindern und Jugendlichen ermöglicht, die Rhythmik des Beats besser wahrzunehmen.

Vor jedem Anspielen eines Beats wird die Nummer des entsprechenden Beats laut angesagt, damit keine Missverständnisse im Nachhinein entstehen können. Nach jedem Anspielen des Beats sollen sich die Kinder und Jugendlichen die Frage stellen, ob dies ein potenzieller Beat für den Rap und die Bearbeitung des Themas wäre. Immer, wenn ihnen ein Beat zusagt, sollen sie dies mit einem Häkchen kennzeichnen. Gefällt ihnen der Beat nicht, soll ein Kreuz hinter die entsprechende Ziffer gezogen werden:

1.√ oder 1.X

Alle Kinder und Jugendlichen dürfen beliebig viele Beats gut oder schlecht finden, sie sollten ihre Meinung zu dem jeweiligen Beat nur mit einem Häkchen oder einem Kreuz auf dem Blatt vermerken.

Sind alle Beats einmal angespielt worden und haben alle Teilnehmer*innen ihre Favoriten gekennzeichnet, schreibt die pädagogische Fachkraft ebenfalls die Zahlen 1 bis 10 an die Tafel und fragt nun nacheinander ab, wem der entsprechende Beat gefallenen hat. Durch Meldung zeigen die Kinder und Jugendlichen an, wenn ihnen ein Beat zugesagt hat und die Anzahl der

P

Pädagogische Idee

Die Kinder und Jugendlichen werden erneut in die Situation versetzt, selbst zu entscheiden, welcher Beat ihnen am ehesten zu dem gewählten Thema zusagt. Da der Beat die Emotionen des Schreibers wesentlich beeinflusst, ist es notwendig, dass die Kinder und Jugendlichen einen Beat finden, der ihnen emotional zusagt. Aus diesem Grund ist es wichtig, dass mehrere Beats unterschiedlicher Geschwindigkeiten und Emotionen zur Verfügung stehen. Das Auswahlverfahren bietet den Teilnehmer*innen die Möglichkeit, ganz für sich zu sein, wenn sie entscheiden, welcher Beat für sie passend ist. Erst durch das Zusammentragen der auf den jeweiligen Beat anfallenden Stimmen zeigen die Kinder und Jugendlichen ihre Gesinnung. Dadurch, dass sich nun so gut wie nie ein*e Teilnehmer*in allein meldet, ist die Angst vor einer Positionierung sehr stark eingeschränkt.

Durch die vorgelagerten Übungen sind die Kinder und Jugendlichen in der Lage, auf die Stimmung, die Geschwindigkeit und die Rhythmik des Beats zu hören und somit den Beat gezielt, bezüglich ihrer Ideen zum Thema, auszuwählen.

sich meldenden Personen wird an der Tafel hinter der Beatnummer festgehalten.

Nachdem alle Beats abgefragt sind, finden sich in der Regel zwei Beats, welche die meisten Stimmen auf sich vereinen. Um ein wenig Gestaltungsspielraum zu behalten, empfehle ich, die beiden meistgenannten Beats erneut zur Abstimmung zu stellen mit der Veränderung, dass nun jeder nur noch eine Stimme zur Verfügung hat. Beide Beats werden zunächst wieder angespielt und im Anschluss daran wird über den endgültigen Beat abgestimmt. Mit der Auswahl des Beats sind alle Voraussetzungen für das Schreiben eines eigenen Songs gegeben.

1. Die Kinder und Jugendlichen kennen die Struktur eines Textes.
2. Die Kinder und Jugendlichen haben sich auf ein Thema geeinigt.
3. Die Kinder und Jugendlichen haben sich auf einen Beat geeinigt.

Übung 12: Songstruktur

Dauer:	15 Minuten
Vorbereitung:	Darstellung der Möglichkeiten zur Erstellung eines eigenen Songs
Durchführung:	Beschreibung der Songstruktur
Material:	Tafel oder Flipchart
Methode:	Frontal und Plenum
Ziel:	Verständnisentwicklung von Songstrukturen

Nun kann das Schreiben beginnen. Sie sollten allerdings im Kopf behalten, dass Rap-Songs eine gewisse Struktur besitzen. Diese Struktur muss an die Gruppe angepasst, beziehungsweise die Takte des Songs auf die Kinder und Jugendlichen verteilt werden. In Rap-Songs hat sich eine gewisse „Standardform" etabliert. Selbstverständlich ist dies keine starre, unveränderliche Struktur, aber diese Form folgt einem begründeten Zweck.

Im Rap sind Songs wie folgt gegliedert:

Strophe 1:	16 bars
Hook:	8 bars
Strophe 2:	16 bars
Hook:	8 bars
Strophe 3:	16 bars
Hook oder Doppelhook:	8 oder 16 bars

Durch die Anordnung von Strophe und Refrain ist gewährleistet, dass die Strophe nicht zu lange vor sich hinplätschert, sondern die durchschnittliche Aufmerksamkeitsspanne des Zuhörers in Bezug auf den Textinhalt passt. Der Refrain fungiert in diesem Zusammenhang als Wiedererkennungsmerkmal, das in regelmäßigen Abständen zu einer Auflockerung des Gesamtsongs führen soll.

Diese Form hat jedoch auch Auswirkungen auf den textlichen Anteil der Kinder und Jugendlichen innerhalb des Songs. Je mehr Teilnehmer*innen an einem Workshop beteiligt sind, desto geringer kann der textliche Anteil jedes einzelnen an dem gemeinsamen Song sein. Aus diesem Grund liegt die ideale Gruppengröße eines Workshops zwischen acht und zwölf Teilnehmer*innen. Bei größeren Gruppen sollte in Erwägung gezogen werden, einen zweiten Song, vielleicht sogar parallel, zu produzieren, damit tatsächlich alle Kinder und Jugendlichen einen vertretbaren Anteil an dem gemeinsamen Song bekommen können. Es wäre auch denkbar, dass einige der Teilnehmer*innen Zeilen gemeinsam rappen. So könnte sich die Teilnehmerzahl nochmals vergrößern, weil einige bars simultan gerappt würden. Meine Erfahrung während der Workshops zeigt jedoch, dass die Kinder und Jugendlichen einen großen Mehrgewinn über eigene bars erhalten. Nicht nur der Stolz, den sie über selbstgeschriebene Zeilen und eigenkreierte Raps entwickeln, ist enorm, auch die textliche Aussage wird zu einer eigenen Botschaft innerhalb des Songs und verliert an Intensität, wenn sie geteilt wird.

Mit dem Vorwissen der Strukturierung von Rap-Songs ist es nun möglich, die einzelnen bars und Strophen auf die Teilnehmer*innen zu verteilen.

Die pädagogische Fachkraft hat nun die Aufgabe, anhand der bisherigen Eindrücke zu entscheiden, wem im Workshop sie wie viele geschriebene Zeilen zutraut. Diese Entscheidung ist sehr genau zu treffen, weil keine*r der Teilnehmer*innen über- oder unterfordert werden sollte. Schnelle Schreiber brauchen mehr Zeilen als solche, die sich von Zeile zu Zeile quälen.

Sollte eine Einschätzung der Kinder und Jugendlichen innerhalb einer Gruppe nur schwer möglich sein, empfiehlt es sich, alle Teilnehmer*innen acht Zeilen schreiben zu lassen und im Laufe des Schreibprozesses die Anzahl der Zeilen nachträglich zu konkretisieren.

Die Verteilung selbst ist ein einfaches Rechenexempel. Wenn eine Strophe 16 bars umfasst, dann könnte ein*e Teilnehmer*in 16 bars schreiben und damit eine ganze Strophe füllen. Es könnten jedoch auch zwei Teilnehmer*innen jeweils acht bars schreiben oder vier Teilnehmer*innen jeweils vier bars, um die Strophe zu füllen. Weniger als vier Zeilen pro Person sind nicht empfehlenswert. Zwei Zeilen schmälern die Möglichkeit einer textlichen Aussage enorm und bei allen pädagogischen Ansätzen soll es ja schließlich immer um Rap gehen. Die Möglichkeit einer textlichen Darstellung innerhalb von zwei Zeilen ist demnach viel zu gering. Daraus folgt, dass sich maximal vier Teilnehmer*innen mit jeweils vier Zeilen eine Strophe teilen sollten.

Da insgesamt drei Strophen mit jeweils 16 bars zur Verfügung stehen, kann die pädagogische Fachkraft die Gesamtzeilen von 48 Zeilen nun unter den Teilnehmer*innen verteilen. In der Regel ergibt sich am Ende der Verteilung ein Mix aus acht und vierzeiligen Raps.

Zur besseren Übersicht wird im Folgenden noch einmal eine Strophe mit 16 bars so gegliedert, dass ersichtlich wird, wie sich die Einzelzeilen auf die Teilnehmer*innen aufteilen lassen.

	1 Schüler*in	**2 Schüler*innen**	**4 Schüler*innen**
			4 bars
		8 bars	
			4 bars
Strophe =	16 bars		
			4 bars
		8 bars	
			4 bars

Natürlich ist es denkbar, den Song um eine weitere Strophe zu erweitern, um damit weitere Zeilen zu gewinnen, die dann wiederum zum Schreiben benutzt werden können. Es ist auch möglich, die Strophen um weitere bars zu verlängern, sodass anstelle von 16 bars auch 20 bars oder 24 bars vorhanden sind.

Wie bereits oben erwähnt, sind diesbezüglich keine Grenzen gesetzt, allerdings sollte auch immer ein*e mögliche*r Hörer*in im Blickfeld behalten werden. Es hat seinen Grund, weswegen sich diese Länge der Rap-Songs durchgesetzt hat. Der Grund hierfür liegt in der gängigen Länge eines Radiosongs. Die meisten Songs liegen zwischen 3:30 Minuten und 4:00 Minuten. Diese Länge erwies sich als ideal, um den Hörer in einem Song nicht zu überlasten und ihn gleichzeitig interessiert zu halten. Bei einigen Songs, die ich für Plattenfirmen produzierte, wurde mir diese Zeit vorgegeben, mit der Begründung, dies sei radiokompatibel. Diese Länge entspricht der Aufteilung eines Songs in drei Strophen mit 16 bars und drei Hooks mit 8 bars.

Die Hook stellt noch einmal eine Besonderheit dar, weil hier in der Aufteilung sehr unterschiedliche Möglichkeiten denkbar sind. Auch hier stehen nochmals acht bars zur Verfügung. Diese bars könnten alle, einige oder eine*r übernehmen. Sie könnte von jemandem gerappt werden, die*der bereits einen Part hat oder jemandem, der noch keinen hat. Gleichzeitig könnte die Hook acht bars umfassen oder zweimal vier. Nicht selten werden Vierzeiler geschrieben, die sich dann innerhalb der Hook wiederholen. Bei der Überlegung mit dem Umgang mit der Hook empfiehlt es sich, die Gruppe im Blick zu haben und zu schauen, was die Gruppe und den Song am meisten bereichern könnte.

Ist die Verteilung der Zeilen in dem Song klar, gibt es noch zwei weitere Überlegungen, die dem Schreibprozess vorangestellt werden sollten und die ich im nächsten Workshop schildere.

P

Pädagogische Idee

Durch die Verteilung der bars ist die pädagogische Fachkraft vor die Situation gestellt, zu entscheiden, wer wie viele bars schreiben soll. Aus der Perspektive der Kinder und Jugendlichen könnte diese Verteilung auf unterschiedliche Weise interpretiert werden. Bekommt ein*e Teilnehmer*in zu wenig bars, so könnte er*sie es als Abwertung seiner*ihrer Fähigkeiten werten und im Schreibprozess demotiviert werden. Im Gegenzug dazu könnte eine große Anzahl an bars anerkennend verstanden werden und die Motivation steigern. Leider könnte die Verteilung aber auch eine gegenteilige Perspektive mit sich bringen. So könnte eine große Anzahl an bars als Überforderung aufgegriffen werden und demotivieren oder eine kleine Anzahl als Bereicherung und motivieren. Das besondere Geschick der richtigen Einschätzung ist hier gefragt. Im Laufe des Workshops wurden einige Schreib- und Rhythmikübungen durchgeführt, die es der pädagogischen Fachkraft erlauben, aus den dort gesammelten Eindrücken die richtigen Entscheidungen für die Verteilung zu fällen.

Übung 13: Vorüberlegungen zum eigenen Songschreiben

Dauer:	20 Minuten
Vorbereitung:	Vorbereitung der Schreibarbeit
Durchführung:	Inhaltliche Absprache
Material:	Tafel oder Flipchart
Methode:	Plenum
Ziel:	Vorbereitung der Schreibarbeit und Richtungsweisung der Kleingruppen

Je nach Gruppe sind zwei unterschiedliche Formen des Schreibens denkbar: Einzelarbeit oder Gruppenarbeit. Da es sich bei der Partnerarbeit um eine Kleingruppe handelt, wird diese hier nicht gesondert aufgeführt. Beide Arbeitsformen haben Vor- und Nachteile, die für die jeweilige Gruppe betrachtet werden sollten, um dann eine Entscheidung zu treffen, wie in der Schreibarbeit verfahren werden soll. Darüber hinaus muss festgelegt werden, welche Art von Songtext geschrieben werden soll. Zur Veranschaulichung stelle ich Ihnen zwei Arten des Songwritings vor, aus denen Sie für Ihre Gruppe eine auswählen können. Da Sie die Experten für Ihre Gruppe sind, obliegt es auch Ihrer Entscheidung, welche Arbeitsform und Songform Sie unterstützen möchten. Stellen Sie diese Formen ruhig auch zur Disposition und einigen Sie sich mit Ihrer Gruppe auf die nächsten Arbeitsschritte.

13.1 Einzel- oder Gruppenarbeit

Wie bereits erwähnt, bieten die Einzel- und Gruppenarbeit jeweils Vor- und Nachteile, wenn es um das kreative Schreiben eigener Texte geht. Da es in diesem Zusammenhang schwierig ist, eine vollständige Analyse der Vor- und Nachteile von Einzel- und Gruppenarbeiten in Bezug auf das Texteschreiben in einem Workshop vorzunehmen, möchte ich mich auf die Darstellung meiner Wahrnehmungen während der Workshops beschränken.

13.1.1 Einzelarbeit

Texteschreiben kann ein sehr intimer Prozess sein. Wie oben bereits erwähnt, leite ich die Teilnehmer*innen meines Workshops gerne dazu an, sich selbst in ihren Texten zu offenbaren, ihre Gedanken, Wahrnehmungen, Gefühle darzustellen und sich in den Text einzubringen, damit der Text immer auch die Person widerspiegelt, die ihn geschrieben hat. Nach meiner Erfahrung brauchen die Kinder und Jugendlichen hierzu Konzentration, da es sehr schwierig ist, sich selbst zu reflektieren und diese Eigenwahrnehmung in Worte zu fassen. Für solche Prozesse ist die Einzelarbeit eine ideale Angelegenheit. Jede*r Teilnehmer*in sucht sich seinen eigenen, privaten Platz im Raum und schreibt zu dem gemeinsam gewählten Thema seine Zeilen nieder. Alle Texte werden durch das Thema zusammengehalten, weswegen jeder tatsächlich seine bars unabhängig von den anderen schreiben kann. Bei Fragen oder bei benötigter Hilfe kann die pädagogische Fachkraft gemeinsam mit der einzelnen Person seine*ihre Zeilen und Texte besprechen und verbessern. Dabei kann die pädagogische Fachkraft direkt auf die Zeilen und Gedanken des jeweils einzelnen eingehen und in einen kommunikativen Austausch mit dem Kind oder Jugendlichen gehen. Während der gesamten Arbeitszeit findet bei den Kindern und Jugendlichen eine Auseinandersetzung mit sich selbst statt. Die kreierten Zeilen bilden somit ihr eigenen Gedanken ab und bringen diese, mit Reimen, aufs Papier. Durch diese Arbeitsmethode wird die Intimität der Ausarbeitung besser unterstützt, und auch wenn die ausgearbeiteten Zeilen später in den Gesamttext einfließen, kann der Einzelne unbeeinflusst von anderen in der Gruppe seine Texte kreieren.

Diese Methode funktioniert besonders gut in Gruppen, bei denen tiefsinnig-kreative und künstlerisch-sensible Kinder und Jugendliche anwesend sind. Ihnen scheint es eigen zu sein, einen „echten" eigenen Text zu schreiben und wenig Einfluss von außen zu bekommen.

In dieser Arbeitsphase höre ich häufiger von schulischem Personal, dass es unglaublich sei, wie konzentriert die Kinder und Jugendlichen an einer Sache und über einen so langen Zeitraum arbeiten. Der Raum würde ruhiger und die Kreativität der Einzelnen sei praktisch spürbar.

Jeder ausgearbeitete Text ist ein individuelles Kunstwerk und jeder Interpret ist mit seinem Text auf intensive Weise verbunden. Der Text wird so zu einem Eigenprodukt und das Ergebnis lässt die Teilnehmer*innen stolz auf sich selbst schauen.

Ein Nachteil von Einzelarbeit ist es jedoch, dass während der Arbeitsphase kein Austausch zwischen den Teilnehmer*innen beziehungsweise ein sehr verkürzter Austausch stattfindet, weil jede*r sich zunächst auf ihren*seinen eigenen Text konzentriert und ein Austausch als störend empfunden wird. Die gegenseitige Inspiration fällt deutlich zurück, und auch die Hilfestellungen der Gruppe sind sehr eingeschränkt. Die pädagogische Fachkraft hingegen wird deutlich mehr eingespannt, weil sie bei Schreibblockaden oder als Ideengeber immer mal wieder eingreifen soll. Dies kann auch dazu führen, dass bei mehreren Kindern und Jugendlichen, die Hilfe benötigen, die Fachkraft an vielen Stellen gleichzeitig helfen müsste und durch die nur verzögert stattfindende Hilfestellung für Demotivation sorgt.

13.1.2 Gruppenarbeit

Die Gruppenarbeit ist eine Gemeinschaftsarbeit. Durch sie lassen sich Schwächen der Einzelnen leichter kompensieren und „kreative Schreiber“ können sich, innerhalb ihrer Gruppe, profilieren. Die Gruppenarbeit regt darüber hinaus zu Diskussionen zum Thema an und generiert Zeilen, die wiederum innerhalb der Gruppe diskutiert und mehrfach verbessert und umgeschrieben werden. Diese Arbeit ist davon geprägt, dass die Teilnehmer*innen primär in ihren Gruppen beschäftigt sind und Problemlösung auch zunächst innerhalb der Gruppe finden möchten. Für die pädagogische Fachkraft bedeutet dies, dass die Hilfestellungen reduziert werden, weil der Austausch über den Inhalt der Texte innerhalb der Gruppen und nicht mehr mit sich selbst geführt wird. Die Textarbeit wird eine Verhandlungssache über Worte, Zeilen und schließlich auch die Art der Interpretation, die Pausen, die Rhythmik, bis hin zu der Verteilung der einzelnen Zeilen auf die jeweiligen Gruppenteilnehmer*innen.

Diese Arbeitsweise funktioniert besonders gut in Gruppen, bei denen es feste Freundschaften gibt und untrennbare Kleingruppen. Diese kennen sich häufig so gut, dass sie auch die Gefühlswelt des anderen in ihre Texte einfließen lassen können. Auch wenn der Raum durch die vielen „Murmelgruppen“ störend lebendig wirkt, ist es doch eine kreative Lebendigkeit, die viele Textzeilen hervorbringt.

Der Nachteil dieser Methode ist, dass die Texte häufig als Gruppenergebnis auch nur die Gedanken der Gruppe widerspiegeln und der*die Einzelne in der Gruppe untertaucht. Die Textzeilen sind somit auch weniger auf den Interpreten zugeschnitten und werden meist nachträglich innerhalb der Gruppe verteilt, mit dem Versuch, jeder*jedem die bestmöglich passenden Zeilen zu überlassen oder Zeilen in der Anzahl fair zu verteilen. Leider kann es auch passieren, dass die „kreativen Schreiber“ die weniger kreativen mundtot machen und sich einzelne Personen während der Arbeitszeit ganz zurückziehen, während andere die gesamte Textarbeit leisten. Dies kann bei einigen zu Demotivation führen, was den kreativen Schreibgenuss mindert.

Bei Gruppenarbeiten kam es auch häufiger schon vor, dass die*der Einzelne eine große Distanz zu ihrem*seinem Text einnahm, weil die Zeilen von jemand anderem geschrieben wurden. Darüber hinaus birgt diese Methode die Gefahr, dass die Gruppen destruktiv gemischt werden und einige Teilnehmer*innen sich selbst, aufgrund von persönlichen Fehden, aus der Arbeit zurückziehen. Gleichzeitig kann es passieren, dass innerhalb einer Gruppe all jene Teilnehmer*innen zusammenarbeiten, die immer gemeinsam arbeiten. Eine Durchmischung und neue Gruppenzusammensetzungen sind in der Regel nur möglich, wenn diese über die pädagogische Fachkraft gesteuert wird.

13.2 Welche Art von Songtext?

Wenn es an die tatsächliche Ausarbeitung von Songtexten geht, erscheint es sinnvoll, eine weitere Möglichkeit im Vorfeld zu klären. Sollen alle Teilnehmer*innen gemeinsam eine große Geschichte erzählen (Storytelling) oder soll jede*r Einzelne seine*ihre Gedanken zu dem Thema niederschreiben (Einzelparts). Da beide Möglichkeiten letztlich zu einem gemeinsamen Song führen, ist es empfehlenswert, diese grundsätzliche Frage im Vorfeld zu klären.

13.2.1 Einzelparts

Unter Rappern ist es üblich, dass man sich trifft und gemeinsam einen Song schreibt. Dann wird zunächst die Frage geklärt, worum es thematisch gehen soll und jede*r schreibt ihre*seine bars nieder. Wenn Sie dieses Konzept in die Gruppe geben möchten, dann bedeutet dies, dass entweder Kleingruppen oder einzelne Kinder und Jugendliche ihre Gedanken zu dem oben gewählten Thema niederschreiben, bearbeiten und schließlich rappen. Da es sich um einen gemeinsamen Song handeln soll, fällt ein starker Fokus auf den Refrain, der schließlich die einzelnen Parts zusammenhalten muss. In ihm können die Einzelparts aufgegriffen oder das Thema übergeordnet besprochen werden. Die Arbeit mit Einzelparts hat den Vorteil, dass sich die Schreiber*innen mit ihren Gedanken zu dem Thema auseinandersetzen und ganz bei sich sind, während sie die Parts schreiben. Ihre Vorstellungen zu dem Thema fließen in den Song ein, und am Ende entsteht eine bunte Landschaft an Ideen zu dem jeweiligen Thema.

In unserem Beispiel wurde das Thema „Liebe" gewählt. Es ist nun vorstellbar, dass die Teilnehmer*innen ihre Vorstellungen oder Gedanken zum Thema zu Papier bringen. Dies kann eine abstrakte oder konkrete Abhandlung des Themas sein. Konkret bedeutet das, dass ein*e Teilnehmer*in darüber schreibt, dass sie*er Liebe als ein alles zusammenhaltendes Element betrachtet. In vier bars beschreibt sie diese Vorstellung. Ein*e Zweite*r möchte lieber darüber schreiben, dass die Liebe Gottes den Menschen Orientierung gibt. Auch er*sie schreibt vier bars. Beide haben also Einzelparts kreiert, die dann in der Strophe zusammenfließen.

Es ist aber auch vorstellbar, dass einige Teilnehmer*innen eine Geschichte oder ihre Erfahrungen mit einem Jungen oder einem Mädchen zu Papier bringen. Ganz andere beschreiben ihre Liebe zur Familie, zu ihren Freunden oder zu Gegenständen oder Hobbies, die sie besonders lieben. In dieser Art der Songkreation sind alle Gedanken, Vorstellungen und Abhandlungen problemlos miteinander kombinierbar, da der Refrain das Thema Liebe aufgreift und somit die einzelnen Parts zusammenhält.

13.2.2 Storytelling

Eine andere Art des Songschreibens ist das sogenannte „Storytelling". Hierunter versteht man das Erzählen einer Geschichte, die sich zusammenhängend über den gesamten Song erstreckt. Für die Gruppe bedeutet dies ein etwas verändertes Arbeiten, denn zunächst entwickeln alle Teilnehmer*innen gemeinsam, in groben Zügen, eine Geschichte. Nun zeigt sich auch, warum diese Methode eine Besprechung im Vorfeld voraussetzt, denn die grundlegenden Dinge, wie Perspektive, Zeitform und Entwicklung der Geschichte, müssen geklärt werden, damit später alle Teilnehmer*innen in der gleichen Art schreiben.

Nehmen wir folgende Geschichte an: Ein Mädchen namens Jasemin und ein Junge namens Dennis sind ineinander verliebt. Ihre Geschichte soll erzählt werden. Beide sind 14 Jahre alt, leben in Berlin, und die Eltern von Jasemin sind gegen diese Liebe, weil Jasemin keinen Freund haben darf.

Diese grobe Vorstellung der Geschichte reicht zunächst aus, um die Entwicklung der Geschichte auf die einzelnen Strophen zu verteilen. Für den Verlauf und die Entwicklung der Geschichte sind nun drei Strophen, also dreimal 16 bars vorgesehen. An dieser Stelle wird der Handlungsstrang gebastelt, erneut nur grob, wobei die Teilnehmer*innen ihre Ideen einbringen. Um eine Übersicht über den Song zu visualisieren, ist es empfehlenswert, eine Songstruktur an die Tafel zu bringen. Diese Struktur kann nun bereits mit den Inhaltsvorstellungen der jeweiligen Strophen gefüllt werden.

Strophe 1: Jasemin und Dennis in der Schule, schauen sich an und verabreden sich heimlich. Dennis schenkt ihr einen Ring.

Hook

Strophe 2: Eltern von Jasemin entdecken den Ring und Jasemin bekommt Ärger. Dennis und Jasemin können sich nicht mehr treffen. Eltern nehmen Jasemin das Handy weg.

Hook

Strophe 3: Jasemin schleicht sich von zu Hause weg. Dennis holt sie ab. Die Eltern von Jasemin suchen sie, und es tut ihnen leid, was sie der Tochter angetan haben.

Hook

Mithilfe dieser Grobplanung über den Songtext werden nun die Strophen auf die Teilnehmer*innen aufgeteilt und abhängig von der gewählten Arbeitsform Textzeilen geschrieben. Dabei müssen sich die Kinder und Jugendlichen an die Vorgaben der Strophen halten, können allerdings die Punkte entsprechend ihrer Vorstellungen ausarbeiten und ausschmücken. Auch hier können Einzel- oder Gruppenarbeiten angesetzt werden, und auch hier schreiben die Teilnehmer*innen ihren eigenen Text. Der Unterschied zu den Einzelparts ist jedoch, dass es hierbei eine grobe Vorlage gibt, an die sich alle halten müssen, und dass die Gefühle der Einzelnen nur sehr bedingt Einzug erhalten können.

Vorteil dieser Methode ist allerdings, dass der Song einen stärkeren Songcharakter besitzt, weil sich die einzelnen Strophen aufeinander beziehen.

Mehrwert

Die Kinder und Jugendlichen sind an diesem Punkt bereit, ihre eigenen Texte zu schreiben und sich kreativ zu betätigen. Sie sind mit allen Fähigkeiten des Rap ausgestattet und haben das Wissen, wie ein Text geschrieben wird. Nun können sie in den kreativen Prozess einsteigen und sich künstlerisch ausdrücken.

Schülerbeispiele

Kürzlich veranstaltete ich einen Workshop in einer Jugendfreizeiteinrichtung mit 12- bis 16-jährigen Jugendlichen. Der Workshop ging drei Tage lang und lief sehr gut. Insgesamt waren es zehn Teilnehmer*innen, die sich darauf einigten, einen Song strophenweise in Kleingruppen zu schreiben. Als es nun darum ging, sich einem gemeinsamen Thema zu widmen, tat einer der Jugendlichen kund, dass er ausschließlich über den Panther rappen wollte oder er verlasse die Gruppe. Das stellte die Gruppe vor drei Probleme:

1. Kein anderer wollte über dieses Thema schreiben.
2. Kein anderer konnte sich mit diesem Jungen in einer Gruppe zusammentun.
3. Alle wollten, dass der Junge in der Gruppe bleibt.

Die Teilnehmer*innen diskutierten lange hin und her und schließlich kamen sie zu folgendem Kompromiss. Jeder sollte über das Thema rappen, das er gerne zum Inhalt haben möchte, und der Refrain sollte alle Themen zusammenhalten. Die Gruppe einigte sich auch darauf, dass sie sich thematisch zusammensetzen würde. So gab es einige, die als Gruppe schrieben und andere, die ihre Texte alleine kreierten, wie beispielweise der Junge mit dem Panther-Text. So konnte der Junge in der Gruppe bleiben und es entstand ein Song, der schließlich alle Bedürfnisse erfüllte. Wichtiger war es jedoch, dass die Gruppe selbst eine Lösung gefunden hatte und der Junge in der Gruppe integriert blieb. So fiel mir als Pädagoge, auch während der Lösungsfindungsphase, nur die Aufgabe zu, ruhig abzuwarten, was die Gruppe an Vorschlägen hervorbrachte und einige Ideen zu platzieren. Während der Schreibphase ging ich dann von Gruppe zu Einzelperson und befruchtete die Texte, wie oben beschrieben, mit kritischen und motivierenden Anmerkungen. Der Refrain, der schließlich alles zusammenhielt, ging schließlich:

„Jeder von uns schaut anders auf sein Leben / Glaube, Liebe, Hoffnung, Themen die uns bewegen / Babysein, Freundschaft, Fußball, oh ja / Musik, Planlosigkeit, strong like a puma".

In einem anderen Workshop fiel die Wahl auf das Thema „Schulende". Es war ein Workshop in einer zehnten Klasse, und die Schüler*innen fanden es an der Zeit, der Schule mitzuteilen, was sie von ihr hielten. Hier war es ganz klar, dass jeder seinen eigenen Text kreieren wollte und jeder seine eigene Vorstellung von der Qualität der Schule hatte. Recht schnell wurde deutlich, dass es Schüler*innen gab, die sich konstruktiv-kritisch mit der Schule auseinandersetzen und Textzeilen verfassten wie:

„Auch wenn es nicht immer cool war hier zu sein / gestehe ich mir ein, ich bin froh im Nachhinein"

Dann gab es andere, die ihren Frust in die Texte legten und einfach verbal auf die Schule und spezifische Lehrer schossen. Gerade hier sah ich meine pädagogische Aufgabe darin, die Emotion zu verstehen und aufzunehmen, die Texte jedoch künstlerisch so zu schleifen, dass niemand beleidigt oder geschädigt wurde. Ich erinnere mich ganz besonders an einen Jungen, der sagte, es sei nichts an dieser Schule gut gewesen, und alle Lehrer wären scheiße. Mit ihm setzte ich mich eine Weile hin und fragte beispielweise, was die Lehrer hätten tun können, um die Schule noch beschissener zu machen. Er verstand die Frage zunächst nicht, antwortete dann jedoch, dass sie dafür unfaire Noten geben und ihn noch stärker zum Sündenbock erklären müssten. Ich fragte weiter, was die Lehrer im Gegenteil hätten tun können. Mir war es wichtig, zunächst die Verschlechterung zu hören, weil er hierauf konkret antworten konnte. Nun die gegenteilige Operation aufzutun, fiel leichter. Er sprach von Lehrern, die ihn hätten unterstützen sollen. Diesen Wunsch und die konkrete Frustration bat ich ihn, aufzuschreiben, weil hierin eine berechtigte Kritik lag. Die formulierte Zeile hieß:

„Ich wurde häufig fallengelassen und das hat mich geknickt / vielleicht wäre ich besser gewesen hättet ihr mich unterstützt."

Der Junge fühlte sich in der Zeile ernst ausgedrückt, hatte das Gefühl, etwas konkret, authentisch aus seinem Leben zu berichten, und kein Lehrer wurde öffentlich an den Pranger gestellt.

Ein letztes Beispiel möchte ich geben, weil es so eindrücklich ist. In einem Workshop in einer Schule für Kinder und Jugendliche mit geistiger Einschränkung war ein Autist in dem Workshop, der nicht sprach. Niemand hatte seine Stimme bisher gehört und die Lehrerin brachte ihn mit den Workshop, weil er großes Interesse an Rap hatte. Der Workshop wurde durchgeführt, das Thema war Liebe und die Schreibphase begann. Mit zwei Schülerinnen arbeitete ich am Refrain, und der autistische Junge setzte sich zu uns und lauschte den Refrainzeilen. Er sagte kein Wort, hörte einfach zu. Immer wieder fragte ich ihn, ob die Zeile gut sei, worauf er meist keine Regung zeigte. Das wiederholte sich und plötzlich nickte er. Ich freute mich über diese Reaktion und wir schrieben weiter. Schließlich stand die Refrainzeile, und die Mädchen begannen, diese auf den Beat zu üben. Da bemerkte ich, dass der autistische Junge nicht nur im Takt mitnickte, sondern auch, dass seine Lippen sich bewegten. Ich bat ihn also, sich zu den Mädchen zu stellen und, wenn er Lust hätte, einfach mitzumachen. Den ganzen Tag hörte man keine Silbe von ihm. Als wir jedoch am Tag danach die Aufnahme machten und ich ihn fragte, ob er es auch versuchen wollte, nickte er und rappte, zugegeben leise und sehr schüchtern, ins Mikrofon. Die Lehrerinnen freuten sich so sehr, dass sie mit Tränen in den Augen den fertigen Song hörte.

P

Pädagogische Idee

Auch an dieser Stelle ist der pädagogische Blick für die Gruppe entscheidend. Die Arbeitsmethode sollte so gewählt sein, dass die Gruppe und die Gruppenmitglieder bestmöglich davon profitieren können. Hierbei ist besonders hervorzuheben, dass die Gruppenmitglieder als Experten ihrer Gruppe befragt werden können. Sie können sich ebenfalls in die Gruppe einfühlen und verbalisieren, welche Arbeitsform der Gruppe guttun würde.

Es ist auch denkbar, dass es eine Mischform aus den beiden Arbeitsmethoden gibt. Wichtig ist, dass die Kinder und Jugendlichen den Raum haben, sich selbst kreativ zu betätigen und künstlerisch aktiv zu werden. Bei der Bestimmung des Songtypus ist es ratsam, das Plenum zu befragen. Je mehr die Kinder und Jugendlichen den Song selbst beeinflussen können, umso mehr wird er ihr eigener Song.

Übung 14: Vieles Kleines ergibt einen Song

Dauer: 180 Minuten
Vorbereitung: Schreiben eigener Texte
Durchführung: Schreibarbeit
Material: Stifte, Zettel, Beat, Abspielgerät
Methode: abhängig von Workshop 13, Gruppen-, Partner- oder Einzelarbeit
Ziel: Entwicklung eines Rap-Songs

Nun geht es tatsächlich los. Abhängig von den Verabredungen aus Workshop 13 gehen die Kinder und Jugendlichen nun in die Gruppen- oder Einzelarbeit und beginnen mit dem Schreiben ihrer eigenen Texte. In der Regel findet diese Textarbeit am zweiten Tag des Workshops statt und dauert etwa drei Stunden. Nicht selten sind während des Workshops Lehrer*innen oder andere Pädagogen*innen anwesend, die den Workshop von Beginn an begleiten. Diese Textarbeit ist für die meisten Fachkräfte faszinierend, weil die Kinder und Jugendlichen über drei Stunden lang konzentriert an ihren Texten arbeiten. Dabei sitzen sie, abhängig von der Arbeitsform – allein oder in der Gruppe –, vor ihren Textblättern und verbessern einzelne Zeilen, rappen diese immer wieder vor sich hin, stellen Worte und Formulierungen um und arbeiten an Ausdruck, Betonung, Reimen und *flow*. Die pädagogische Fachkraft sollte in dieser Phase immer wieder von Gruppe zu Gruppe oder von Teilnehmer*in zu Teilnehmer*in gehen, um die einzelnen Parts, gemeinsam mit den Kindern und Jugendlichen, so zu verbessern, dass sie sich bestmöglich auf den Beat

rappen lassen. Dazu gehört selbstverständlich, dass die Kinder und Jugendlichen ihre Textzeilen immer wieder rappen, um ein Gefühl für ihre Texte zu bekommen und dass der ausgewählte Beat in Endlosschleife den Arbeitsraum durchdringt. Achten Sie hierbei auf eine angenehme Lautstärke zum Schreiben und Proben.

Nach und nach entstehen einzelne Zeilen, einzelne Parts und schließlich ganze Strophen. Alle zuvor durchgeführten Übungen laufen in diesem Punkt zusammen. Die Kinder und Jugendlichen schreiben ihre bars und benutzen Reime, sie arbeiten ihre Betonungen und Pausen aus, suchen nach Metaphern und beschäftigen sich intensiv mit dem Text und der Performance des Textes, bis sie diesen problemlos rappen können. Immer wieder müssen hierfür Wörter umgeschrieben, herausgenommen oder andere eingesetzt werden, damit die Rhythmik und der Beat ineinandergreifen und sich tatsächlich flüssig rappen lässt.

Sind alle Strophen geschrieben, so setzen sich alle Teilnehmer*innen zusammen und lesen ihre Parts laut vor. Durch das Vorlesen in der Gruppe können die anderen Kinder und Jugendlichen die Texte aller Teilnehmer*innen kennenlernen und verschaffen sich einen Überblick über den gesamten Songinhalt. An dieser Stelle ist es auch möglich, die Einzelparts den verschiedenen Strophen zuzuordnen, sodass schließlich eine Reihenfolge im Ablauf der Einzelraps entsteht. Die sinnvolle textliche Anordnung obliegt der pädagogischen Fachkraft, die darauf achtet, dass ein guter gesamttextlicher Zusammenhang besteht. Beim Storytelling ergibt sich diese Reihenfolge von allein. Schließlich haben die Gruppen ihre Textzeilen auf die Strophenanordnung und somit auf den Storyverlauf hin geschrieben. Haben alle Teilnehmer*innen alle Texte gehört, werden gemeinsame Überlegungen für die Ausarbeitung des Refrains angestrebt. Dieser muss nun alle Inhalte der

P

Pädagogische Idee

Die Teilnehmer*innen des Workshops erschaffen ihre eigenen kleinen Kunstwerke. Die pädagogische Fachkraft leistet dabei Beratungsbeistand, wenn sie gefragt ist. Damit die Kinder und Jugendlichen das Gefühl der eigenen Kreation entwickeln können, ist es wichtig, ihnen nur wohlwollend zur Seite zu stehen und Ideengeber zu sein. Der Prozess ist so sensibel und emotional, dass die Fertigstellung eines eigenen Textes als gewinnbringende Leistung wahrgenommen wird. Die Wertschätzung der vielen kleinen Kunstwerke findet in der Vorstellung der Einzeltexte im Plenum statt. Hier können sich die Kinder und Jugendlichen vor der ganzen Gruppe profilieren. Die gemeinsame Erarbeitung des Refrains bindet die Gruppe nochmals zusammen und der gemeinsame kreative Prozess wird zu einem Austausch über Inhalte und Worte.

Einzelparts aufgreifen und den Gesamttext zusammenhalten. Er wird somit zu einer Konklusion des Songtextes.

Der Refrain wird, ähnlich wie in Übung 6, an die Tafel gebracht und mehrmals gemeinsam gerappt. Mit der textlichen Ausarbeitung des Refrains, ergibt sich ein fertiger Songtext, der gerappt werden kann. Gleichzeitig ist auch die Reihenfolge der Rapper eingeteilt, weswegen es nun möglich ist, auf den gemeinsamen Beat als gesamte Gruppe zu rappen.

Mehrwert

Die erschöpfende Arbeit des Schreibens zeigt den Kindern und Jugendlichen auf, dass es sich bei der Erarbeitung eines Rap-Songs tatsächlich um Arbeit handelt. Vielen wird in diesem Prozess erst deutlich, welche Arbeit hinter einem Rap-Song steckt. Dieses Selbstdurchleben eines kreativen Prozesses bringt nicht selten eine neue Achtung vor dem Kunstwerk Rap-Song mit sich.

Schülerbeispiele

An dieser Stelle möchte ich einige Ergebnisse der Textarbeit aus meinen Workshops präsentieren. Sie werden sehen, dass es keine Musterbeispiele gibt – jede Schülerin und jeder Schüler drückt sich anders aus, interessiert sich für andere Themen und setzt seine*ihre Ideen anders um. Sie haben aber im Zusammenhang dieser Workshops immer gemein, dass es sich um authentische Texte handelt, die aus der gemeinsamen Arbeit mit Rap und in Auseinandersetzung mit der Hip-Hop-Kultur entstanden sind.

Sommer

Ab an Strand – schönes Wetter
Die Sonne scheint – alle sind netter
Gute Laune, ich will ein Eis haben
Ich freu mich dass alle Freunde Zeit haben
Wir essen Erdbeeren, womit – keine Frage
Mit Vanillesoße und Sahne
Die Strandparty macht mir großen Spaß
Endlich ist der Sommer da

Ich sitz' am Strand mit nem Cocktail in der Hand
Alkoholfrei und die Füße im Sand
Gleich geht's ins Meer baden
Tauchen und ganz viel Spaß haben
Am Abend ein Lagerfeuer machen

Dann nach Hause und für den Reiturlaub Sachen packen
Ich freu mich schon sehr drauf
Kommt alle mit, kommt alle raus

Hook

Endlich Sommer hier im Land – endlich Soooooommer
Pack die Sachen und an Strand – endlich Sooooommer
Sommer Sonne Sonnenschein
Aus dem Herzen scheints, endlich sorgenfrei

Ich schalt' den PC aus und geh' raus
30 Grad, mir ist heiß, raus aus dem Haus
Mit einem Wassereis in der Hand
Fahr ich mit meinem Fahrrad zum Strand
Handtuch raus und am See chillen
Dann kommen alle Freunde zum Grillen
Alle haben gemeinsam Spaß
Ferien – ab heute jeden Tag

Die Sommersonne lacht uns ins Gesicht
Der Cocktail in meiner Hand ist ein Gedicht
Bei der Hitze haben wir großen Spaß
Am Ende der Sprung ins kühle Nass

30 Grad, Hitze und Sonnenschein
gemeinsam am Strand ist niemand allein
Badeanzug, Bikini oder Badehose
Dazu eine eisgekühlte Cola Dose
Hook
Endlich Sommer hier im Land – endlich Soooooommer
Pack die Sachen und an Strand – endlich Sooooommer
Sommer Sonne Sonnenschein
Aus dem Herzen scheints, endlich sorgenfrei

Endlich ist Sommer, die Sonne scheint
Ich kann die Sorgen vergessen und fühl mich frei
Auf geht's mit den Freunden an den Strand
Um zu feiern und zu tanzen im Sand
Endlich ist die Zeit im Garten grillen
Rund herum Freunde zum chillen

Abends zelten wir am See
Das ist das auf was wir steh'n ...

Ich steh' auf, check erstmal die Sonne ab
Der Sonnenbrand vom Vortag macht mich noch schlapp
Egal denn ich springe erstmal in den Pool hinein
Auf der Sonnenbank ziehe ich mir einen Drink rein
35 Grad alle Freunde sind da
wir chillen uns erstmal an die Poolbar
Die Wasserpfeife wird schnell ausgepackt
Traube – Minze ist doch klar ...

Liebe

Mama und Papa, ich hab euch sehr lieb
... diese Liebe geht tief
ich liebe auch meine Katze
Willy, sie hat süße Tatzen
Ich pass auf meine kleinen Brüder auf
Und meine Eltern auf sie und mich auch
Meine Familie ist die Beste
... das kann ich schätzen

Leben und Liebe ist sehr wichtig
Die Welt zu retten, ist richtig
Meine Eltern passen auf mich auf
Das ist wie ein Traum
Mama und Papa auch wenn ich zickig bin
Ich habe euch immer lieb
Auch wenn manches nicht immer richtig ist
Habt ihr mich für immer lieb

Hook
Liebe ... :II Alle brauchen Liebe...

Traurigkeit wird zur Liebe
Man verzeiht ... wahre Ziele
Mama und Papa streiten viel
Doch am Ende siegt die Liebe

Mama und Papa haben sich lieb.
Mama und Papa lieben sich.

Liebe macht manchmal traurig
Meine Eltern lieben sich und auch mich
Jeder … streitet sich mal
Wichtig ist nur dass man verzeihen kann
Antonia-Sophie
Ich habe sehr liebe Haustiere
Eine Katze und einen Hund, die ich sehr lieb
Ich hab auch sehr viele Freunde
Ich vermisse so doll meine beste Freundin

Hook

Das Leben ist toll … – find ich auch
Wunderschön … – es ist wie ein Traum
Ich liebe tauchen im Meer
Und noch so vieles mehr
Mit Tieren spielen – Katzen, Hunden
Ich hab Liebe gesucht – und gefunden
Mit Pferden reiten – am Strand entlang
Hört alle zu – wie ich rappen kann

Streitschlichter

Obere Etage links im Förderraum
sind wir für euch da und helfen euch man glaubt es kaum
wir lösen euren Streit mit Leichtigkeit und das in kurzer Zeit
wir sind bereit wenn ihr traurig seid
wir sind auch draußen ansprechbar wenn ihr draußen Streit habt
wenn wir sehen dass ihr streitet sind wir da ist doch klar
ist das nicht wunderbar wenn ihr Kummer habt
dann schicken wir euch hoch sonst wäre es doch doof

Hook
Wir sind Streitschlichter
Gibt es Ärger sind wir da seid sicher
Streitschlichter regeln das auf ihre Art

Streitschlichter sind wir wir lösen jeden Streit von dir
Wurdest du gehauen geschlagen und getreten
beleidigt gemobbt und willst jetzt drüber reden
dann komm zu uns bald und lös den Streit ohne Gewalt
Im Förderraum sind wir, Probleme komm sag es mir
Wir sind auch draußen ansprechbar wenn einer draußen was sah
Wir sind für euch da ist doch so was von klar
Wir bringen euch dann hoch wir sind ja nicht doof

Hook
Wir schlichten euren Streit geht er zu weit
Wir helfen wo's nur geht wohin führt uns dieser Weg
Wir sind für alle da wir sind sehr nah
Wir sind immer bereit egal wo ihr auch seid
Hör nicht mehr auf den er muss dich erst verstehen
Nicht prügeln sondern zu uns gehen
Wir sind im Förderraum hoch mit dem Daumen
Das ist zum Schreien das ist der Streitschlichterreim

Ziegner Stiftung II

Trying to stand up to all the stress
My only dream is to be one of the best
Soaking up all the pain in my soul
Don't think i'll last to long oh no
Nevertheless i'm still alive, so
Forget my sins and let me vibe, yo.
I know only i can stop the rain
But it's not so easy with all this pain.
Okay Leute wenn ihr's nicht verstanden habt,
das waren meine Gedanken grad.
Kannst du es fühlen? Kannst du's verstehen?
Ich hab schon immer alles gegeben
Okay, kleiner die Warheit ist so:
Die Menschheit füllt ihre Flüsse mit rot.
Ich weiß, ich habe ein gewisses Potential
Aber für viele von euch bin ich nur eine Zahl.

Hook
Manchmal hat das Leben keine Gnade

Wenn man Gold sucht muss man tief graben
Wenn man's hat macht man sich einen Namen
Aber Hauptsache wir wissen zu schätzen was wir haben

Verzweifelt auf der Suche nach nem Ausweg. Nach dem Aufstehen
ist erstmal vorbei mit Traumwelt, anfangen jetzt mit Traumleben.
Was mich ausmacht ist dass es mir nichts ausmacht,
wie Leute Drogen nehmen aber glaub nicht, ich brauch das.
Ich weiß, dass viele denken es ist Schwachsinn.
Wollen die Sucht bekämpfen doch wissen, dass sie schwach sind.
Lass die Scheiße sein und bekämpfe die Drogen
Kein Plan wie du's macht. Bin gespannt wie Pfeil und Bogen.

Verkehrte Welt, jeder denkt nur an Geld
Geld regiert die Welt, dikka kämpf für dich selbst
Scheiß auf den Rat, und tue was dir gefällt
Wie bei Facebook zeigt dir jeder was er von dir hält
Eigentlich nix von der Unterschicht denn die juckt das nicht
Hauptsache dickes Auto, plus ein ganzes Pferd auf Tisch
So wie Superman rette ich die Welt vor dem Untergang
Obwohl sie angeblich 2012 schon mal unter gang …

Hook

Be strong
Carry on
Even that ist hard
Life goes on
Lass dich nicht runter ziehen
Egal was sie reden
Das Leben heißt geben und nehmen :ll
Don't let them make you sad
Don't you think that life ist bad
I'm sick of crying
Sometimes I dream of flying
Ich liebe das Leben
So wie es ist
Obs dir passt oder nicht
Das bin ich

Übung 15: Üben, üben, üben

Dauer: 45 Minuten
Vorbereitung: Rappen und Verbessern der eigenen Texte
Durchführung: Just Rap
Material: Songtexte, Beat und Abspielgerät
Methode: angeleitete Einzelarbeit
Ziel: Üben der eigenen Texte

Die Grundidee des Workshops ist es, dass die teilnehmenden Kinder und Jugendlichen tatsächlich rappen, Spaß am Rap entwickeln und motiviert ihre Zeilen sprechen.

Nach den vielen kleinen Übungen ist es nun möglich, den eigenen Text auf den Beat zu bringen. Um ihn jedoch wirklich zu rappen und zu *flowen*, beginnt nun das Üben des eigenen Rap auf den vorgegebenen Beat.

Da die meisten Kinder und Jugendlichen schon eine Vorstellung von ihrem Part und der Art, wie sie ihn rappen möchten, besitzen, erscheint es sinnvoll, vorab einen Songdurchgang durchzuführen. Dazu werden alle Teilnehmer*innen in der Reihenfolge aufgestellt, wie ihre Parts in dem Song vorkommen. Das bedeutet, dass derjenige, der den Song beginnt, am Anfang und derjenige, der den Song beendet, am Ende steht. Die pädagogische Fachkraft sollte sich nun gut sichtbar platzieren, um jede*n Einzelne*n einzählen zu können. Dies ist besonders wichtig, weil es zum einen die gesamte Zeit auf diese Weise eingeübt wurde und zum anderen, weil zwischen den Parts keine Pausen mehr vorhanden sind. Der Beat hat seine Geschwindigkeit und Länge und die Raps innerhalb einer Strophe schließen nahtlos an den Vorrapper an. Das hat zur Folge, dass ein Versprechen oder Verhaspeln dazu führt, dass der Part nicht voll durchgerappt werden kann, weil es keine Wiederholung und kein Warten innerhalb des Beats mehr gibt. Hier muss nun die pädagogische Fachkraft den*die nächste*n Teilnehmer*in entsprechend einzählen. Der Refrain dient in dieser Übung als Anker. An ihm können sich alle immer wieder orientieren und feststellen, wo sie sich im Song gerade befinden

In all den Jahren, die ich diese Workshops nun durchführen, hat es noch nie funktioniert, dass dieser Durchlauf problemlos vonstattenging. Didaktisch ist das gewollt. Denn durch diese Übung und die Notwendigkeit eines fehlerlosen Rap können die Kinder und Jugendlichen erfühlen, was es bedeutet, einen Song auf einen Beat zu performen und wie viel Arbeit in Raps steckt. Das Schreiben selbst hat schon viele angestrengt und ihnen aufgezeigt, dass es tatsächlich Arbeit ist, einen Rap-Text zu produzieren. Aber dass auch Live-Rap eine Herausforderung sein kann, wird vielen erst an dieser Stelle bewusst. Hinzu kommt, dass durch diese Übung die Motivation steigt, weiter an dem Songtext zu arbeiten und ihn mehrmals allein zu üben, damit er live problemloser funktioniert.

In der Regel wird der Songdurchlauf zwei bis drei Mal wiederholt, bevor die Kinder und Jugendlichen nochmals Zeit bekommen, für sich allein zu üben. In dieser Zeit sollte die pädagogische Fachkraft nochmals zu jedem Kind und Jugendlichen gehen und mit jedem*jeder seinen Part durchgehen, um dem*der Teilnehmer*in noch mehr Sicherheit in seinem*ihrem Text zu geben. Nach der vorangestellten Übung sind die Kinder und Jugendlichen sehr motiviert, weiter zu üben. Denn schließlich präsentieren sie sich nicht nur als Gruppe, sondern auch vor den einzelnen Gruppenmitgliedern. Dies führt dazu, dass alle möglichst gut sein wollen.

Insgesamt üben die Kinder und Jugendlichen ihren Part etwa eine Stunde lang, je nachdem, wie schwer die Texte tatsächlich sind. Ganz am Ende des Tages werden wieder alle zusammengeholt und der Song wird nochmals gemeinsam durchgerappt. Was nun passiert, ist sehr wichtig für die Selbstwahrnehmung der Kinder und Jugendlichen, denn sie erfahren, dass sie durch das permanente Üben den Song deutlich besser umgesetzt bekommen als am Anfang. Das stärkt zum einen ihr Selbstwertgefühl und zum anderen die Motivation, vor eventuell kommenden Auftritten zu üben.

Mehrwert

Die Erfahrung von Übung und Verbesserung reicht weit über den Workshop hinaus. Viele Kinder und Jugendliche kennen dieses Prinzip schon aus anderen Zusammenhängen, wie Sportvereinen oder dem Schulkontext, und werden ein weiteres Mal in dem zugrundeliegenden Prinzip bestärkt. Gleichsam gibt es allerdings auch immer wieder Kinder und Jugendliche, die diese Erfahrung noch nicht gemacht haben. Somit ist die Bestätigung dieses Prinzips von Üben und Verbessern eine wichtige Erfahrung für alle Teilnehmer*innen in Bezug auf ihre zukünftige Lebensgestaltung.

P

Pädagogische Idee

Der erste Songdurchgang führt die Kinder und Jugendlichen in eine begleitete Frustration. Kaum eine*r schafft es, den eigenen Part auf den Beat fehlerlos zu präsentieren. Durch diese Frustration ist es allerdings möglich, den Stellenwert von Übung deutlich zu machen und sie fühlen zu lassen, was sich durch stetiges Üben verändert.

Üben nun die Kinder und Jugendlichen nochmals allein ihre Texte, so bemerken sie bei dem nächsten Songdurchgang, wie sie sich verbessert haben. Gerade diese Erkenntnis ist wesentlich. Denn hierdurch werden die Kinder und Jugendlichen dazu animiert, ihre Texte für die bevorstehende Aufnahme auch noch allein und nach dem Workshop zu üben, was sie in der Regel tun.

Übung 16: Die Aufnahme

Dauer: 180–240 Minuten
Vorbereitung: Studioaufbau
Durchführung: Aufnahme aller Texte
Material: DAW, Songtexte
Methode: Gruppen-, Einzelarbeit
Ziel: Ergebnissicherung und Nachhaltigkeit

Sollte die Möglichkeit bestehen, so sollten unbedingt Aufnahmen von dem Ergebnis angefertigt werden. Je professioneller, desto nachhaltiger. Ich bin mir darüber im Klaren, dass es nicht allen pädagogischen Fachkräften möglich ist, den erarbeiteten Song aufzunehmen und erst recht keine professionellen Tonaufnahmen zu erstellen. Bietet sich allerdings die Möglichkeit, so sollten Sie diese unbedingt nutzen. Die Aufnahme wird von den meisten Kindern und Jugendlichen als das Highlight des Workshops empfunden. Auch wenn aus pädagogischer Sicht der Weg zu den Texten, das Kreieren der Texte und das Üben selbst als wesentlich betrachtet werden muss, so ist die Aufnahme für die Kinder und Jugendlichen das Lob für ihre harte Arbeit.

Wenn ich eine Aufnahme vornehme, dann komme ich, in der Regel, mit meinem Equipment in die Schule oder Jugendeinrichtung. Im Klassenraum werden dann ein Laptop mit entsprechender Software, ein Audiointerface, ein Kondensatormikrofon mit Popschutz und einige Kopfhörer aufgebaut. Allein das Mikrofon mit dem Popschutz reicht aus, um bei den Jugendlichen das Gefühl von Professionalität zu erzeugen. Dann wird es ernst. Alle Kinder und Jugendlichen rappen ihre Parts nacheinander auf den Beat ein. Ganz anders als bei den Proben zuvor, können sie ihre Parts wiederholen so oft sie möchten. Sie können sich selbst doppeln und immer wieder hören, bis sie der Meinung sind, ihre Parts sind gut. Einer nach dem anderen rappt nun seinen Part solange, bis er der Meinung ist, dass es gut sei. Ganz am Ende rappen dann alle gemeinsam den Refrain ein.

Auf die Nachfrage hin, warum es den Kids am besten gefallen würde, ihre Parts aufzunehmen, kommt in der Regel die Antwort, dass es einfach am meisten Spaß machen würde. Diese Aussage erschließt sich mir auf folgende Weise: In den Tagen davor haben wir mit Spaß gelernt. Die Kinder und Jugendlichen haben die Rap-Geschichte kennengelernt, sie haben das Einsetzen von Reimen gelernt, sie kennen die Bedeutung von Pausen und Betonungen, sie wissen, wie man Texte schreibt und haben eigene Texte geschrieben. Nun, am Mikrofon, zeigt sich, was sie gelernt haben und wie sie gelernt haben, hier rappen sie nicht für den etwaigen Pädagogen, hier rappen sie für sich, und all das Gelernte, alle Scham und alle Ängste, aller Stolz und alle Arbeit entlädt sich am Mikrofon. Diese tiefe Emotion wurde mir immer wieder mit der Aussage bestätigt: „Die Aufnahme hat am meisten Spaß gemacht." Und gerade deswegen finde ich es wichtig, dass es eine Aufnahme von dem erarbeiten Rap gibt, denn so gibt es eine Wertschätzung der Arbeit, welche die Kinder und Jugendlichen in den vorangegangenen Tagen geleistet haben. Diese Erinnerung wird nun auf einer CD oder mp3 festgehalten und kann in Form eines fertigen Songs jederzeit wieder abgerufen werden.

Schülerbeispiele

In den vergangenen Jahren haben zahlreiche meiner Workshops zu vielfältigen Songs, tollen Aufnahmen der Kinder und Jugendlichen und sogar eigenen Videoproduktionen geführt. Einen Einblick erhalten Sie unter: www.youtube.com/tunedjugendprojekt.

P

Pädagogische Idee

Die Aufnahme dient der Nachhaltigkeit des gesamten Projektes und der Dokumentation der Arbeit der Kinder und Jugendlichen. Durch diese Aufnahme ist es ihnen möglich, das Projekt nach außen zu tragen und anderen Menschen mit Stolz zu zeigen. Emotionen, Ideen und Ansichten werden auf der Aufnahme gebunden und zum Zeugnis der Entwicklung der Kinder und Jugendlichen. Der fertige Song ermöglicht es den Teilnehmer*innen, sich gedanklich und emotional immer wieder in die Situation vor dem Mikrofon, während des Texteschreibens und allen anderen Prozessen hineinzudenken und das Projekt nochmals zu durchleben.

Aber auch eine ganz pragmatische Idee ist mit der Aufnahme verbunden: Durch die Verteilung des Songs auf CDs oder mp3 hören die Kinder und Jugendlichen ihren Song permanent. Sie lernen ihre und die Texte der anderen auswendig und sind jederzeit in der Lage, sie live zu performen.

Übung 17: Feedbackrunde

Dauer:	20 Minuten
Vorbereitung:	Reflektion der Einzelarbeiten
Durchführung:	Stärkung des Selbstwertgefühls
Material:	Stuhlkreis
Methode:	Plenum
Ziel:	Verdeutlichung der geleisteten Arbeit

Der Workshop endet immer mit einer Feedbackrunde. Alle Kinder und Jugendlichen setzen sich gemeinsam mit der pädagogischen Fachkraft in einen Stuhlkreis und denken nochmals gemeinsam über den Workshop nach. Bevor ich von den Teilnehmer*innen hören möchte, was ihnen gut und was ihnen nicht so gut gefallen hat, werden erst einmal alle Übungen, Methoden und Erkenntnisse gemeinsam gesammelt, sodass ein kleiner Rückblick auf den Workshop durchgeführt wird. Wenn das wieder präsent ist, wird nach den Highlights und dem, was den Kindern und Jugendlichen gut und nicht so gut gefallen hat, gefragt. Aufgrund dieser Feedbackrunden ist das vorliegende Konzept entstanden, das immer wieder und weiter Hinterfragungen und Verbesserungen unterworfen ist.

Zur Feedbackrunde gehört allerdings auch ein Feedback von der pädagogischen Fachkraft zu den Teilnehmer*innen. Hierbei wird jeder*jedem Einzelnen mitgeteilt, wie sie*er während des Workshops wahrgenommen wurde, was er geleistet hat und wo er sich ganz besonders positiv dargestellt hat. Das ist mir insbesondere deswegen wichtig, weil die Kinder und Jugendlichen während des Workshops permanent beschäftigt sind und deswegen nur selten wahrnehmen, was sie alles geleistet haben und welche Entwicklung während des Workshops bei ihnen stattfand. Insbesondere in Bezug auf: Zusammenarbeit, Hilfsbereitschaft, rhythmische Fähigkeiten, Sprachsensibilität und vieles mehr. Meine Wahrnehmung möchte ich gern mit Ihnen teilen, weil ich der Meinung bin, dass sie ein Recht darauf haben, zu erfahren, welche besonderen Fähigkeiten sie in sich tragen und wie ich sie wahrgenommen habe. Im Laufe der Workshops hat sich dadurch der Blick für jede*n Einzelne*n deutlich geschärft, und es verlangt mehr Aufmerksamkeit, wenn am Ende jede*r ein Feedback bekommen soll.

Dieses Prozedere kann ich jeder pädagogischen Fachkraft wärmstens empfehlen. Es schärft den Blick für den*die Einzelne*n und wertet viele Dinge positiv, die positiv gewertet werden sollten.

Ein Blick in die Gesichter der Kinder und Jugendlichen während des Feedbacks an ihre Person bestätigt mein Vorgehen. Es zeigt sich stets ein Gemisch aus Stolz, Freude und Dankbarkeit, jedoch auch sehr häufig eine Unwissenheit, nämlich Unwissenheit darüber, wie man Lob eigentlich anzunehmen hat.

Eine pädagogische Fachkraft kommentierte diese Feedbackrunde nachträglich mit den Worten: „Es war, als hätte man ein Licht bei den Kinder angeknipst." Das fand ich sehr eindrücklich und eine weitere Bestätigung dieser Feedbackrunde. Wenn Sie eine solche Runde durchführen möchten, empfehle ich Ihnen, folgende Fragen und Verhaltensweisen ganz besonders zu beobachten:

- Welches Kind/welcher Jugendlicher hatte zu Beginn die größten Probleme und wie hat er*sie sich entwickelt?
- Wer hatte die größte Angst vor der Aufnahme und wie hat er*sie sich danach verhalten?
- Wer hatte beim Texteschreiben Probleme und wie hat er*sie diese überwunden?
- Wer konnte anderen besonders gut helfen?
- Wer war von Beginn an mutig?
- Wer hat wie die Gruppe beeinflusst und mitgetragen?
- Wer hat tiefe und ehrliche Gedanken verfasst?

Diese Fragen können Ihnen eine Hilfestellung sein, um die Entwicklung innerhalb des Workshops einschätzen zu können. Schildern Sie einfach Ihre Wahrnehmung und Sie werden dankbare Zuhörer*innen vor sich wiederfinden.

3
Herausforderung Rap-Workshop

Im dritten Teil meines Buches möchte ich die Voraussetzungen für die Anleitung von Rap-Workshops genauer beleuchten, um abschließend darzustellen, was ein*e Anleiter*in von Rap-Workshops als Soft-Skills und Voraussetzungen mitbringen muss.

Um eine Übersicht über die Anforderungen an eine*n Anleiter*in erarbeiten zu können, möchte ich zum einen auf die pädagogische Fachkraft im Kontext von Arbeit mit Rap und zum anderen auf den Rapper in der pädagogischen Arbeit eingehen. Aus der Analyse dieser beiden Teile soll schließlich eine Übersicht für alle Anleiter*innen im pädagogischen Kontext von Rap entstehen.

Ebenso wie Teil I und II kann auch dieser Teil losgelöst von den beiden anderen gelesen werden. Gleichzeitig steht er aber auch in Kontinuität zu den Teilen I und II.

1 Wo Rap draufsteht, ist nicht immer Rap drin

In meiner Tätigkeit als Religionslehrer an einer Grundschule in Berlin begegnete mir das erste Mal das sogenannte *Rap-Huhn*. Die Schüler*innen kamen aus dem Musikunterricht mit unverständlichen Lauten auf den Lippen, die allerdings rhythmisch rezitiert wurden. Aus der Ferne schien es mir, als sprächen sie eine Art Kinderreim. Da ich nicht erkennen konnte, um welchen Kinderreim es sich handelte, war meine Neugierde geweckt und ich fragte nach. Mit Stolz wurde mir der Musikordner mit den Worten überreicht, sie hätten heute im Musikunterricht gerappt. Dies steigerte meine Neugier nur noch weiter, und ich bat die Kinder, mir dieses *Rap-Huhn* einmal vorzurappen.

Seit diesem Tag bin ich absolut sicher: Wo Rap drauf steht, ist nicht immer Rap drin.

In Teil II habe ich die Besonderheiten von Rap und die Unterschiede zu rhythmischem Sprechen genauer dargestellt. Rap unterscheidet sich im Wesentlichen von rhythmischem Sprechen darin, dass es sich an das normal gesprochene Wort anlehnt und eine klare Viertelbetonung vermeidet (Teil II, 6.1). Der Vokalzug, die unnatürlichen Wortbetonungen durch die Betonung der Viertel eines Taktes, die einfachen Reime und die fehlenden Pausen sind ein Indiz für rhythmisches Sprechen.

Schauen wir uns das *Rap-Huhn* einmal genauer an:

Hallo Leute, wir sind heute auf dem Bauernhof.
Alle Tiere sind in Ordnung, nur eins ist doof.
Denn es findet sich so lässig und so obertoll.
Und es quasselt allen anderen die Ohren voll.
Das Rap-Huhn, tok toke toke tok tok.
Das rappt nun, tok toke toke tok tok.
Das Rap-Huhn, tok toke toke tok tok.
Das rappt nun, tok toke toke tok tok.
Ja, ich rappe so toll, und ich bin gut drauf.
Und beim Rappen hab' ich immer eine Mütze auf.
Und es gammelt auf der Leiter oder im Gesträuch.
Und es kommt aus seinem Schnabel immer dummes Zeug.
Und die andern Tiere kriegen dieses dumpfe Gefühl.
Wo die grauen Zellen fehlen, ja da quatscht man viel.
Und es redet und es redet und es hört nie auf.
Und der Bauer der wird sauer und er regt sich auf.
Auch die Kühe haben Mühe und sie machen Muh.
Und inzwischen halten alle sich die Ohren zu.

Das Rap-Huhn: 10 tierische Raps, Felix Janosa.

Durch die Verwendung des Wortes „Rap" im Titel des Liedes entsteht der Eindruck, als würde es sich bei dieser Form des Sprechens um Rap handeln. Das *Rap-Huhn* ist Teil eines Liederzyklus, zu dem noch weitere „10 tierische Raps" gehören. In allen diesen Rap-Songs wird die Kunstform Rap völlig missachtet. Besonders auffällig ist, dass die Stücke auf Viertelnoten betont werden. Das bedeutet, die ersten beiden Zeilen des Rap-Huhns sind wie folgt komponiert:

„Hallo LEU-te, wir sind HEU-te auf dem BAU-ern-HOF Alle TIE-re sind in ORD-nung, nur EINS ist DOOF."

Die Betonung richtet sich demnach nicht nach dem natürlichen Sprachgebrauch, sondern nach den Vierteln des jeweiligen Beats. Hinzu kommt, dass die Worte „Bauernhof" sowie „eins ist doof" unnatürlich langgezogen werden, um die gesamte Zeile auf den Beat zu bekommen. Als Reime sind vorwiegend reine Reime benutzt worden, und ein *flow* kommt hier nicht zustande, weil die Viertelphrasierung den Fluss permanent bremst. All dies zeigt auf, dass sich die Art dieses Sprechens wesentlich vom Rappen unterscheidet. Interessant ist jedoch, dass der Komponist in seinem Titel auf Rap insistiert. Für mich entsteht an dieser Stelle der Eindruck, als hätte der Texter gerne einen Rap-Song geschrieben, sich aber nur sehr sporadisch mit der Kunstszene auseinandergesetzt und deswegen letztlich nichts anderes als ein rhythmisches Sprechen fabriziert. Das *Rap-Huhn* ist allerdings darüber hinaus sehr interessant, weil es zum einen den allgegenwärtigen Diskurs offenbart, inwieweit pädagogische Fachkräfte tatsächlich rappen, und zum anderen einen guten Einblick in den pädagogischen Umgang mit Rap aufzeigt.

Ich kenne die Beweggründe des Komponisten für seine Komposition nicht, wohl aber weiß ich, wo und wie das *Rap-Huhn* pädagogisch eingesetzt wird. Dies lässt mich schlussfolgern, dass der Macher des *Rap-Huhns* versucht hat, sich des Rap-Genres zu bedienen, um Kinder und Jugendliche, die sich für das Genre interessieren, anzusprechen oder beispielhaft das Genre näherzubringen. Dabei möchte der Song das Gefühl vermitteln, dass in der Nachahmung von Rap tatsächlich gerappt wird.

Die fehlende Beschäftigung mit den genrespezifischen Stilelementen und schließlich mit dem gesamten Genre offenbart nicht nur die Form und Darbietung des Stückes, sondern auch der Textinhalt. Durch Zeilen „Ja ich rappe so toll und ich bin gut drauf / und beim Rappen hab ich immer eine Mütze auf" oder „... es kommt aus seinem Schnabel immer dummes Zeug" oder auch „... die andern Tiere kriegen dieses dumpfe Gefühl / wo die grauen Zellen fehlen, ja da quatscht man viel" wird die Szene ironisiert und belächelt. Hier offenbart sich nun ein zweifelhafter Diskurs: Mit falschen Mitteln wird der Rap imitiert und gleichzeitig das Genre und seine Akteure stigmatisiert, und dies, ohne dass offensichtlich eine tatsächliche Auseinandersetzung mit dem Genre stattgefunden hat. Es scheint hier nur um die Aktivierung und Nutzung von Kinder- und Jugendinteressen zu gehen. Dieser Umgang mit Rap ist befremdlich: Man bedient sich der Rap-Szene, um mit Kindern gemeinsam zu musizieren, da sie an dieser Szene interessiert sind, und offenbart zugleich in der Umsetzung und dem textlichen Inhalt eine Missachtung der Kunstform.

Inzwischen ist das *Rap-Huhn* in Kitas, Schulen und selbst an pädagogischen Ausbildungsstätten als Rap-Song etabliert, und dies gibt einen guten Einblick in den pädagogischen Umgang mit Rap. Zu behaupten, es handele sich bei dem *Rap-Huhn* um einen Rap-Song, und über diesen Song Kindern und Jugendlichen Rap näher bringen zu wollen, ist absurd. Genauso fraglich erscheint es, Erzieher*innen darin zu schulen, diesen Song als Mittel zu benutzen, um mit Kindern und Jugendlichen zu rappen.

Dies allerdings weist auf ein Grundproblem in der Pädagogik hin, welchem entschieden entgegengetreten werden muss: der Pädagogisierung des Rap. Das *Rap-Huhn* selbst ist kein Rap-Song, sondern rhythmisches Sprechen. Die Annahme, es handele sich hierbei um Rap, offenbart, inwieweit die Pädagogisierung des Rap bereits Realität geworden ist.

2 Die Pädagogisierung von Rap

Das Wort „Pädagogisierung" wird bereits seit den Sechzigerjahren mit unterschiedlichen Schwerpunkten diskutiert. Ganz allgemein kann man das Wort als „Expansion pädagogischer Semantik in andere soziale Systeme" hinein verstehen (Höhne 2004, S. 31). Dem Begriff der Pädagogisierung ist allerdings auch eigen, dass „Formen pädagogischen Denkens und Handelns [...] auf neue, von der Pädagogik bisher noch nicht erfasste Altersstufen und Lebensbereiche übertragen" werden (Lüders, Kade, Hornstein 1998, S. 210). Das bedeutet demnach, dass, von der Pädagogik ausgehend, die Denk- und Handlungsansätze, so wie die der Pädagogik eigenen Semantik, anderen Bereichen übergestülpt werden. Doch was genau ist die Pädagogik?

Margit Stein beschreibt in ihrem Werk *Allgemeine Pädagogik* die Pädagogik auf folgende Weise: „**Pädagogik** beziehungsweise **Erziehungswissenschaft** ist die Wissenschaft, die Prozesse der Erziehung, Bildung, des Lernens und der Sozialisation wissenschaftlich beobachtet, interpretiert, erklärt, die Auswirkungen dieser Prozesse vorhersagt und somit allen hieran beteiligten Personen der pädagogischen Praxis Handlungswissen zur Verfügung stellt" (Stein 2017, S. 11).

Im etymologischen Erklärungsversuch liest sich die Definition von Pädagogik auf folgende Weise: „Der Begriff ‚Pädagogik' fußt auf dem altgriechischen Begriff der paideia, was mit ‚Erziehung' oder ‚Bildung' übersetzt werden kann. [...] Der Begriff [...] bezeichnet jede Höherentwicklung des Menschen durch Bildungs- und Erziehungsprozesse. ‚Paideia' setzt sich wiederum aus den beiden altgriechischen Wortstämmen pais für ‚Kind' und agein für ‚führen' zusammen (ebd.)."

Die beiden Definitionsansätze für Pädagogik machen zwei Dinge sehr deutlich:

1. Pädagogik bezieht sich auf Kinder oder Jugendliche und führt diese zu einer „Höherentwicklung". Dieser Prozess heißt Bildung und Erziehung.
2. Für die Bildung und Erziehung werden Handlungen an den Kindern und Jugendlichen vollzogen beziehungsweise diese in Handlung gebracht.

Nach der Definition von Stein bedeutet dies, dass es ein Handlungswissen gibt, das dazu führt, dass die Kinder und Jugendlichen gebildet und erzogen werden können. Dieses Handlungswissen wird dann in die Bildungs- und Erziehungsprozesse eingebracht.

Für meine Vorstellung von Pädagogik ergibt sich demnach folgendes Schaubild:

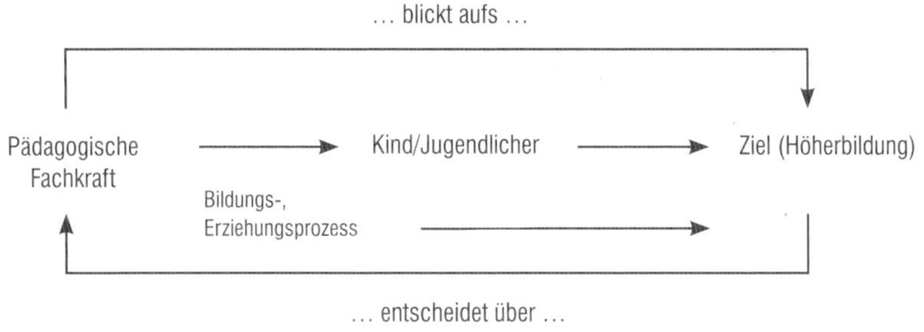

Das Kind soll sich höherbilden und bedarf hierzu eines Prozesses, der durch die pädagogische Fachkraft angestoßen und begleitet werden kann. Laut Definition kann der Pädagoge bereits die Auswirkungen des Prozesses voraussehen, er kennt also bereits das Ziel, das das Kind erreichen soll und hat dieses im Blick. Vom Ziel her denkend, kann die pädagogische Fachkraft nun entscheiden, mit welchem Bildungs- und Erziehungsprozess sie das Kind anstoßen kann, sich in die Richtung des Ziels zu bilden.

Ist der Prozess klar, so wird das Kind über den Impuls der pädagogischen Fachkraft in den Bildungs- und Erziehungsprozess gebracht, wobei es durch die pädagogische Fachkraft begleitet wird. Das Kind bildet sich und wird erzogen, bis es schließlich das gewünschte Ziel erreicht hat.

Für meine Vorstellung von Pädagogik möchte ich drei Dinge explizit ergänzen, die sich in der Grundidee an dieses Schaubild anlehnen.

1. Der Bildungs- und Erziehungsprozess wird vom Ziel her gedacht, jedoch immer unter Berücksichtigung des zu bildenden Individuums.
2. Der Bildungs- und Erziehungsprozess wird während der Bildung und Erziehung reflektiert und weiterhin als Prozess verstanden.
3. Im Zentrum des Bildungs- und Erziehungsprozesses steht das Gelingen der Zielfindung unter besonderer Berücksichtigung des Wohles der Kinder und Jugendlichen.

Dieser pädagogische Ansatz ist deswegen so überzeugend, weil zum einen der Bildungs- und Erziehungsprozess immer neu, vom Ziel her, gedacht werden muss und zweitens das Kind oder der*die Jugendliche immer ein Mitentscheider des Bildungs- und Erziehungsprozesses ist.

In Bezug auf Rap stellt sich nun die Frage, was das pädagogische Ziel eines Workshops beziehungsweise die Höherentwicklung durch Rap ist. Zunächst könnte man denken, dass das pädagogische Ziel eines Rap-Workshops das Kunstwerk selbst sein könnte. Das Kunstwerk selbst ist schließlich das Ergebnis von theoretischem und praktischem Wissen der Kunstform Rap. Doch wäre das Kunstwerk selbst das Ziel, so müsste sich die Höherentwicklung anhand des Kunstwerkes selbst ablesen lassen können und das Bildungsziel des Pädagogen ein Kunstwerk sein. Hier nun offenbart sich eine Dimension der Pädagogik, die bisher noch nicht angeklungen ist. Denn die Aufgabe des Pädagogen ist es, das Kind oder den Jugendlichen in die moralischen Werte der Gesellschaft hinein zu erziehen und ihn zu einem mündigen Menschen der Gesellschaft zu machen. Der abgeschlossene Bildungszustand und die Höherentwicklung liegt demnach ausschließlich in der Bildung der Anlage zur Schöpfung, nicht in dem kreativen Prozess selbst. Ausgehend davon, dass die pädagogische Prämisse lautete, dass die pädagogische Fachkraft das Ziel bereits vor dem Erreichen des Kindes und des Jugendlichen kennen würde, kann das Kunstwerk nicht die Höherbildung sein, weil der Pädagoge nicht in der Lage ist, das Kunstwerk selbst zu kennen. Nun zeigt sich auch, dass der Pädagoge den Fokus nicht auf Rap legt, sondern auf Kunst im Allgemeinen, wenn er sein Ziel wie folgt formuliert: Die Bildung der Anlagen zur Schöpfung eines Kunstwerkes. Die Spezifikation Rap ist die Folge der Betrachtung des Kindes oder Jugendlichen bei der Entwicklung des Bildung- und Erziehungsprozesses: „Es wird so getan, als ob in der Schule eine tatsächliche Entgrenzung der Vernunft möglich wäre, trotz gesellschaftlicher Rahmenbedingungen, die für ihr Fortbestehen genau jene Menschen brauchen, die über die Grundprämissen der Gesellschaft – die profitable Verwertung von Allem und Jeder was sich zur Ware machen lässt – möglichst nicht nachdenken" (Ribolits 2004, S. 101).

Langsam nähern wir uns der Antwort auf die Frage nach der Pädagogisierung des Rap an. Nachdem nun deutlich ist, worin das pädagogische Ziel besteht, stellt sich als nächstes die Frage, welchen Bildungs- und Erziehungsprozess die pädagogische Fachkraft anstoßen kann. Mit Blick auf das Kind oder den Jugendlichen wird nun die Idee von Rap zur Erschließung des pädagogischen Ziels gewählt. Warum? Rap trifft das Interesse der Jugendlichen, Rap spricht jugendlich und Rap ist reproduzierbar (Teil I, 5.1). Diese Argumente legitimieren es, Rap in den Bildungs- und Erziehungsprozess einfließen zu lassen. Aus pädagogischer Sicht ist es jedoch nicht primär das Medium oder die Kunstform, die den Anstoß für Rap gibt, sondern die Betrachtung des Zieles unter Berücksichtigung der Interessen der Kinder und Jugendlichen. An genau dieser Stelle entsteht eine problematische Situation, bei der die pädagogische Fachkraft Gefahr läuft, ihre Authentizität als „Bilder und Erzieher" in Teilen einzubüßen. Denn nun gibt es vier Möglichkeiten, sich in dem Bildungs- und Erziehungsprozess zu dem Kind oder Jugendlichen zu verhalten.

1. Die pädagogische Fachkraft taucht gänzlich in die Ideen des Rappers ein und verlässt den pädagogischen Bildungs- und Erziehungsprozess.

2. Die pädagogische Fachkraft lässt sich von den Wünschen des Kindes oder des*der Jugendlichen verleiten und verlässt den pädagogischen Bildungs- und Erziehungsprozess.
3. Die pädagogische Fachkraft interessiert sich nicht für die Kunstform Rap, sondern oktroyiert ihr pädagogische Ideologien auf.
4. Die pädagogische Fachkraft orientiert sich an der Kunstform Rap und den Wünschen der Kinder und Jugendlichen, nimmt diese Ansätze in seinen pädagogischen Bildungs- und Erziehungsstil auf.

Der Verlust der Authentizität (Echtheit, Glaubwürdigkeit und Zuverlässigkeit) der pädagogischen Fachkraft ist vor allem bei den Punkten 1 bis 3 möglich. Abhängig davon, wie stark das Kind oder der*die Jugendliche die Entfremdung der pädagogischen Fachkraft von der eigenen Person als pädagogische Fachkraft wahrnimmt, ergibt sich eine Infragestellung der Lehrperson.

Ich möchte an dieser Stelle mit Beispielen arbeiten, um die Situation konkreter zu gestalten. Alle Beispiele sind in ihrer Darstellung überspitzt und breiten exemplarisch die vier Möglichkeiten für pädagogische Fachkräfte aus.

Zu 1.
Nehmen wir an, eine pädagogische Fachkraft nimmt Rap als Prozessidee auf und vertieft sich in die Rap-Kultur. Sie erkennt, dass Baggy-Pants und Cappys Symbole des Rap sind und Rap eine eigene Sprache entwickelt hat. Im Umgang mit dem Kind oder Jugendlichen benutzt sie nun Worte, die ihr sonst fremd sind und kleidet sich auf für sie unnatürliche Weise. Dies mag überzogen klingen, aber gerade die sprachliche Veränderung ist etwas, was ich in einigen Einrichtungen bereits erlebt habe. Pädagogen sprechen plötzlich von „fetten" und „krassen" lines und Jugendliche stehen perplex daneben. An dieser Stelle verlässt die pädagogische Fachkraft ihren selbst initiierten Bildungs- und Erziehungsprozess und büßt gleichzeitig einen Teil seiner Authentizität als Pädagoge ein.

Zu 2.
Nehmen wir an, eine pädagogische Fachkraft an einer Schule nimmt Rap als Prozessidee auf und bittet die Jugendlichen darum, nach Rap-Texten zu suchen, die dann besprochen werden sollen. Die Jugendlichen kommen mit Texten diverser Künstler, unter anderem mit King Orgasmus und Frauenarzt. Diese Künstler sind für ihren vulgären, frauenverachtenden Porno-Rap bekannt. Nach den ersten Zeilen wird deutlich, dass diese in Bezug auf den Bildungs- und Erziehungsprozess nicht zielführend sind, während die Ju-

gendlichen darauf bestehen, diese Texte zu bearbeiten. Nun bangt die pädagogische Fachkraft um das Gelingen der Stunde und lässt diese Texte zu. Auch hierfür kenne ich Beispiele aus der Praxis. Das Resultat davon ist, dass die pädagogische Fachkraft aufgrund ihrer nicht klaren Positionierung an Authentizität einbüßt und gleichsam auch aus dem ihr übertragenen Bildungs- und Erziehungsprozess aussteigt.

Zu 3.
Nehmen wir an, eine pädagogische Fachkraft nimmt Rap als Prozessidee auf, weil sie das Interesse an dem Genre bei den Kindern und Jugendlichen erkannt hat. Sie selbst kann mit dieser Musikrichtung nicht viel anfangen, und ihr Interesse an der Beschäftigung mit diesem Genre ist spürbar gering. Im Gruppenverbund versucht sie nun, mit den Kindern und Jugendlichen eigene Texte zu schreiben, kennt jedoch weder die Szene, noch weiß sie über die Besonderheiten des Rap Bescheid. Was sie allerdings weiß, ist, dass Rap auf einen Beat gesprochen wird, es eine bestimmte Handbewegung zu geben scheint und der 4/4-Takt die Orientierung für das Sprechen ist. Ihre Motivation liegt darin, ihr pädagogisches Ziel und möglichst viele Kinder und Jugendlichen zu erreichen. Diese Form des Rap-Workshops kann gelingen. Allerdings nur, wenn die Kinder und Jugendlichen keine oder wenig Kenntnis von Rap haben und selbst nicht rapaffin sind. Hier muss nun betont werden, dass es in dem umgekehrten Fall eine gefährliche Situation für die pädagogische Fachkraft werden könnte, weil sie recht schnell vor ihre eigene Unfähigkeit und ihr Unwissen in Bezug auf Rap gestoßen werden könnte. In jedem Fall lässt sich sagen, dass es hier niemals Rap sein kann, mit dem gearbeitet wird, sondern bestenfalls mit pädagogischem Sprechen.

Zu 4.
Nehmen wir an, eine pädagogische Fachkraft nimmt Rap als Prozessidee auf. Sie orientiert sich über die Stilmittel des Rap und die Hip-Hop-Kultur. Sie bereitet sich auf mögliche Fragen in Bezug auf die Szene vor und überlegt sich, wie sie diese Idee in einem Bildungs- und Erziehungsprozess einbetten kann. Sie kennt ihre pädagogischen Ziele und weiß um ihre Fähigkeiten und Grenzen. Kurz gesagt, sie bleibt ihrer pädagogischen Rolle treu, beschäftigt sich mit der Kunstform Rap und stellt diese auf die Interessen der Kinder und Jugendlichen ab. In diesem Fall ist kein Authentizitätsverlust zu erwarten, denn die pädagogische Fachkraft fokussiert ihr Ziel, bleibt innerhalb ihrer Möglichkeiten und verlässt den Bildungs- und Erziehungsprozess nicht.

Mithilfe dieser Darstellungen lässt sich die Pädagogisierung des Rap deutlicher aufzeigen. Zu Beginn des Kapitels wurde der Schluss gezogen, dass es sich bei der Pädagogisierung um ein Phänomen handelt, das von der Pädagogik ausgehend die Denk- und Handlungsansätze, so wie die der Pädagogik eigenen Semantik, anderen Bereichen überstülpt. In Beispiel drei finden wir eine solche Pädagogisierung. Die Grundidee der pädagogischen Fachkraft ist es, streng am pädagogischen Ziel orientiert einen Bildungs- und Erziehungsprozess zu entwerfen, der die Kinder und Jugendlichen in Richtung des pädagogischen Ziels bildet. Die Zuhilfenahme von Rap ist in diesem Kontext nur scheinbar zum Prozessmittel geworden, weil die pädagogische Grundkonzeption sich nicht auf die Kunstform des Rap einlässt. Alle Prozessarbeiten **mit** Rap sind eigentlich Prozessarbeiten der Pädagogik vor dem Deckmantel **von** Rap. Weder ein Einblick in die Szene noch in die Kunstform ist erkennbar. Dem Rap werden hier Denk- und Handlungsansätze der Pädagogik sowie die Semantik der Pädagogik übergestülpt. Dies ist die Pädagogisierung des Rap, wie sie das *Rap-Huhn* beispielhaft ausführt. Auf diese Weise es ist denkbar unmöglich, authentisch zu rappen. Wer jedoch **mit** Rap pädagogisch arbeiten möchte, muss von der Kunstform Rap her pädagogische Bildungs- und Erziehungsprozesse anstoßen und authentisch sein.

3 Wie pädagogisch kann ein Rapper agieren?

Wenn die pädagogische Ausarbeitung eines Rap-Songs so wesentlich von der Authentizität des Anleitenden abhängt, muss zwangsläufig die Frage folgen, ob nicht Rapper diese Kunstform so präsentieren und anleiten können, dass sie in der Pädagogik aufgehen kann. Ich erinnere an meinen Vorschlag für eine Definition von Rap in Kaptel 4.4: „Rap ist eine authentisch musikalisch-textliche Kunstform des Hip-Hops, die Gefühle und Gedanken zur direkten Umwelt des Künstlers verbalisiert und sprechgesanglich-rhythmisch, an einem Takt orientiert, zum Ausdruck bringt."

Die Authentizität ist ein Wesensmerkmal des Rap. Da Rap über seine Künstler präsentiert wird, bedeutet dies zugleich, dass die Rapper die Rahmen der Authentizität stecken. Kurz gesagt, wer rappt ist authentisch, in Bezug auf das Kunstwerk Rap aber (und das ist wesentlich) muss er rappen und nicht rhythmisch sprechen. Durch diese Klarstellung ist es möglich, den Rapper zu definieren. Als Rapper wird jeder bezeichnet, der als Protagonist das Kunstwerk Rap präsentiert. Er ist als Rapper authentisch. Hier unterscheidet sich Rap meiner Meinung nach von anderen Musikarten. Ein Violinist beispielweise wird an der Nutzung seines Instruments gemessen. Die Fähigkeit, eine Geige zu spielen, hängt jedoch nicht primär von der Authentizität des Spielers ab, sondern von dem Handwerk. Die Frage ist demnach: Ist ein Geigenspieler ein Geigenspieler, sobald er auf der Geige spielt? Oder muss er eine bestimmte Fähigkeit des Geigenspiels beherrschen, um Geigenspieler zu sein? Rap jedoch kann nicht über das Handwerk zu Rap werden. Rap ist: Entweder man rappt oder man rappt nicht.

In Teil I meines Buches erwähnte ich, dass das Texteschreibenlassen, also das Schreibenlassen eigener Texte durch einen anderen Rapper, in der Rap-Szene ein moralisches Vergehen ist und als nicht authentisch bewertet wird. In diesem Teil jedoch steht die Behauptung, dass ein Künstler, der rappt, per se authentisch sei. Wie passt das zusammen? Jeder Rapper ist in Bezug auf die Präsentation des Rap authentisch, sobald er rappt. Ein Rapper kann allerdings in Bezug auf den Schaffensprozess eines Kunstwerkes unglaubwürdig sein. Diese szeneninterne Kunstdebatte ist ein häufiger Streitpunkt zwischen den Rappern, der hier zumindest Erwähnung finden sollte.

Für die weitere Überlegung ist es notwendig, den Entstehungsprozess des Kunstwerks Rap genauer zu betrachten. Nach der Definition von Rap steht am Anfang des kreativen Prozesses der Künstler im Austausch mit seiner Umwelt.

Diese Umwelt wirkt auf den Künstler ein und erzeugt Gefühle und Gedanken. Diese Gefühle und Gedanken werden durch den Künstler erkannt und nun über einen sich selbst hinterfragenden, rational-reflektierten Prozess an die Umwelt zurückgebunden. So wird die Umwelt in der eigenen Wahrnehmung des Künstlers erkannt.

Dieser Reflektionsprozess wird nun in die Sprache des Künstlers übersetzt, also verbalisiert. Es entsteht eine verbalisierte Reflektion (Text). Hier wird die Wahrnehmung der Umwelt mit eigenen Gedanken und Gefühlen angereichert. Durch die Hinzunahme von klaren takt-rhythmischen Strukturen, beispielsweise einem Beat, werden die Wörter der Verbalisierung, unter Berücksichtigung der genreeigenen Technik, sprechgesanglich-rhythmisch ausgesprochen. Das Ergebnis dieser Prozesse ist das Kunstwerk des Rap. Schaubildlich ließe sich der Prozess folgendermaßen darstellen:

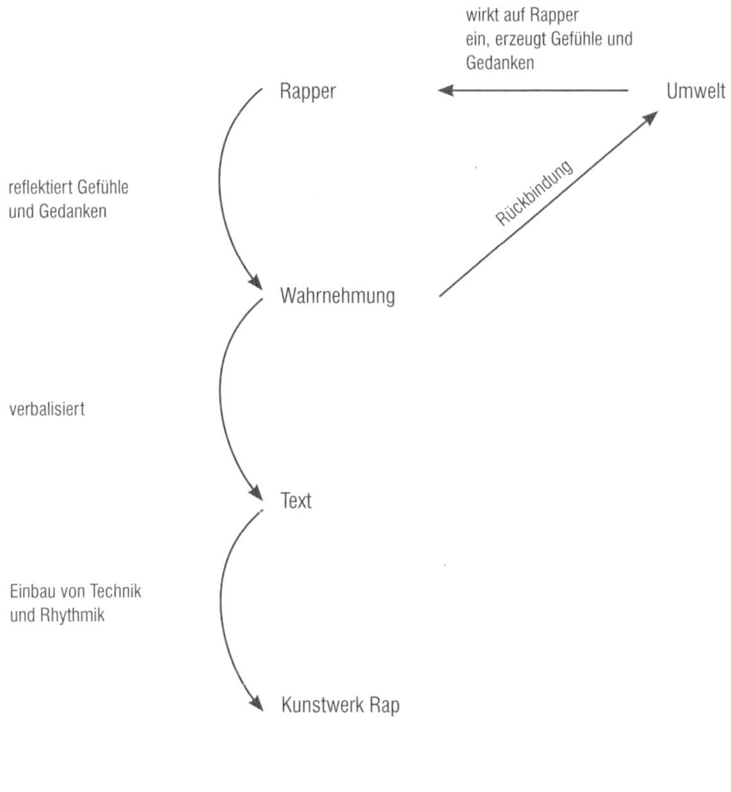

Die detaillierte Darstellung dieses Kunstprozesses soll eines besonders hervorheben. Bei dem gesamten künstlerischen Prozess steht der Rapper selbst im Fokus seines Schaffens. **Er** ist derjenige, der das Kunstwerk formt. **Er** und **seine** Sicht auf **seine** Umwelt wird authentisch verbalisiert. Wie in jeder Kunstform drückt sich der Rapper in seinem Kunstwerk aus. Kunst ist somit egoorientiert, weil der Künstler immer aus sich heraus schöpft. Dieses Wissen zeigt auf, dass sich der Rapper immer wieder auf sich und seine Wahrnehmung der Umgebung beruft. Er spiegelt seine Welt für alle anderen und offenbart seine Sichtweisen durch sein Kunstwerk.

Wie das vorherige Kapitel zeigte, hat die Pädagogik einen anderen Anspruch. Im Fokus der Pädagogik steht primär das Kind oder der*die Jugendliche und die Erreichung einer Höherbildung, eine bestmögliche Entwicklung in unsere Gesellschaft hinein. Die Pädagogik ist vor diesem Hintergrund alterozentriert und steht somit der Egozentrierung von Rap gegenüber. Ein Lehrkörper, ein Sozialpädagoge oder eine Erzieherin will sich nicht vor dem Kind oder dem Jugendlichen profilieren, sondern das Kind oder den Jugendlichen selbst zur Geltung bringen. Die Bildungs- und Erziehungsprozesse müssen sich immer am Wohl des Kindes oder des*der Jugendlichen orientieren.

Dieser Gedanke erscheint mir besonders wichtig, möchte man die Frage beantworten, wie pädagogisch ein Rapper sein muss.

Wenn ein Rapper seine Kunstform im pädagogischen Kontext anbieten möchte oder soll, so muss es ihm gelingen, von seinem üblichen Kunstprozess abzuweichen und den Prozess selbst auf die Kinder und Jugendlichen zu übertragen. Im Gegensatz zu der pädagogischen Fachkraft liegt das konkrete Ziel des Rappers in der Schaffung eines Kunstwerks, also eines Rap durch die Kinder und Jugendlichen. Der Rapper wird zum Begleiter des kreativen Prozesses und darf sich in diesem Prozess nicht auf sich selbst als Wesen der Kunst konzentrieren. Im Fokus der Arbeit mit Kindern und Jugendlichen steht immer das Wohl der Kinder und Jugendlichen. Der Rapper wird in diesem Zusammenhang zum professionellen Anleiter seiner Kunstform, dessen Anspruch es sein muss, die Kinder und Jugendlichen mithilfe seiner Kunstform bestmöglich zu fördern und zu fordern und sich selbst als Kunstfigur aus dem sonstigen Pathos des Kunstschaffenden zurückzuziehen. Unter dem Pathos des Kunstschaffenden soll die emotionale Begierde verstanden werden, mit seiner Kunst Bewunderung zu ernten. Zum Zwecke dieser Aufgabe soll die detaillierte Darstellung des Kunstprozesses dienen. Alle Schritte des oben erwähnten Kunstprozesses werden nun, durch den Rapper, auf die Kinder und Jugendlichen übertragen. Der Rapper leitet somit die Teilnehmer*innen durch den ihn bekannten Kunstprozess, wobei er sich selbst als helfenden Begleiter beim Durchleben der Kunstprozesse der Kinder und Jugendlichen verstehen muss. Hierin liegt der pädagogische Anspruch eines Rappers in der pädagogischen Arbeit.

An dieser Stelle offenbart sich ein Problem: Je bekannter und namhafter der Rapper ist, umso schwieriger wird es, den pädagogischen Anspruch zu halten. Die Wogen der Bewunderung für den Rapper stellen ihn erneut in den Fokus der Arbeit. Nicht die Kunstform als solche wird der entscheidende

Antrieb für die Arbeit, sondern die Nähe zum Rapper, dem Vorbild. Rapper, die ein hohes Maß an Außenwirkung haben, sind deshalb in vielfacher Hinsicht gefragt, sich wieder aus dem Kontext des Workshops herauszuziehen und die Kinder und Jugendlichen selbst und diese aus sich selbst zur Geltung zu bringen.

Hier profitieren unbekannte Rapper massiv davon, dass die Kinder und Jugendlichen dem Anleiter skeptisch gegenübertreten. Zunächst muss der Rapper, durch welche methodischen Schachzüge auch immer, seine Authentizität und seine Fähigkeiten als Rapper unter Beweis stellen, bevor die Kinder und Jugendlichen bereit sind, sich von ihm*ihr belehren zu lassen. Diese natürliche Unterscheidung zwischen „bekannten" und „unbekannten" Rappern spielt in Bezug auf den pädagogischen Anspruch eines Workshops eine große Rolle, denn häufig verfällt man dem Trugschluss, dass ein bekannter Rapper, aufgrund seines Bekanntheitsgrades, viele Jugendlichen erreichen kann und besser geeignet wäre, einen solchen Workshop durchzuführen. Aus Sicht einer*s Pädagogin*en muss an dieser Stelle zumindest darauf hingewiesen werden, dass der pädagogische Anspruch immer den Fokus auf die Kinder und Jugendlichen legt und der Einsatz eines bekannten Rappers mit diesem Argument nur eine Scheinpädagogik legitimiert.

Besonders auffällig wird dies, wenn man noch ein weiteres Argument in diese Debatte hineinholt. Die meisten Rapper, unabhängig davon, ob bekannt oder unbekannt, sind auf verschiedenen Online-Plattformen mit ihren Songs vertreten. Ein großes Thema, dem sich Rap widmet, ist der sogenannte „Gangsta Rap". Viele bekannte Akteure hantieren im Netz mit gewaltverherrlichenden, frauen- und schwulenfeindlichen Texten oder Diskriminierungen gegenüber Minderheiten. Solche Rapper mit dem Gedanken der quantitativen Wirkung in die Jugendarbeit zu schicken, offenbart eine Art Doppelmoral. Als Gesellschaft ist in unserer Verfassung ein Schutz gegenüber den oben genannten Gruppen beschrieben. Als pädagogische Fachkraft ist der Anspruch, Kinder und Jugendliche zum Wohle unserer Gesellschaft zu erziehen, Grundlage. Sollte nun als pädagogisches Mittel ein gegen diesen pädagogischen Anspruch gerichtetes eingesetzt werden, so muss hieraus zumindest die Frage resultieren, ob dies dem Wohle der Gesellschaft und den Kindern und Jugendlichen entspricht.

Der Anspruch der Quantität darf niemals die Ideologie der Qualität ersetzen! In Bezug auf Rap schließt sich an dieser Stelle eine Art Kreis. Das Einsetzen von Rappern in der pädagogischen Arbeit ist löblich und vor dem Hintergrund des Authentizitätsgedankens ein richtiger Schritt. Dennoch müssen die Rapper gut ausgewählt werden. Ein kurzer Blick in die Szene und die agierenden Protagonisten reicht hier nicht aus. Die Verantwortung für den pädagogischen Blickwinkel haben hierbei die pädagogischen Fachkräfte, Behörden etc. Sie legitimieren die Arbeit von Personen an Kindern und Jugendlichen. Es besteht also eine Notwendigkeit, sich die Akteure genauer anzuschauen und zu prüfen, welche Texte von den Akteuren im Netz kursieren.

Spätestens nach einem Workshop werden die Kinder und Jugendlichen nach den Texten des Rappers suchen. Sie müssen prüfen, welche grundsätzlichen Weltansichten durch den Rapper vertreten werden, denn diese werden in der Arbeit mit den Kindern und Jugendlichen vermittelt, und sie müssen prüfen, wie pädagogisch dieser Rapper arbeiten kann. Das nur kurze Hineinschauen in die Szene geht mit Problemen einher, denen sich alle Beteiligten bewusst sein müssen.

Abschließend lässt sich die Frage, wie pädagogisch ein Rapper sein muss, folgendermaßen beantworten: Ein Rapper kann sehr pädagogisch agieren, wenn er es schafft, vom Kunstschaffenden zum Begleiter anderer Kunstschaffender zu werden und diese in den Fokus seiner Arbeit zu stellen. Der Rapper bleibt seiner Kunstform genauso verpflichtet, als würde er sie für sich selbst ausführen und achtet darauf, dass die Kunstform durch andere (in diesem Fall die Kinder und Jugendlichen) gelebt wird. Dabei muss sein Anspruch sein, als professioneller Begleiter die Kinder und Jugendlichen zu einem eigenen Kunstwerk zu führen.

Vor diesem Hintergrund erscheint es mir selbstverständlich und richtig, Rapper in die Pädagogik zu holen. Der Rapper sollte sich seines pädagogischen Anspruchs und seiner Aufgaben als pädagogische Kraft im Kontext von Kinder- und Jugendarbeit im Klaren sein. Gleichzeitig muss den pädagogischen Fachkräften deutlich sein, dass ein Rapper nur selten eine erzieherische Ausbildung oder ein sozialpädagogisches Studium genossen hat und seine Fachkenntnisse diesbezüglich begrenzt sind. Umso bedeutender wird die richtige Personalauswahl durch die entsprechende pädagogische Fachkraft.

4 Die Mischung aus Rap und Pädagogik

Unter Berücksichtigung der beiden vorangestellten Kapitel ergeben sich für die Frage der Voraussetzungen einer Fachkraft im Umgang mit Rap und Pädagogik einige wichtige Erkenntnisse. Eine Zusammenfassung dieser beiden Kapitel ließe sich wie folgt lesen:

1. Die Fachkraft muss in ihrer Arbeit authentisch sein.
2. Die Arbeit mit Rap muss von der Kunstform aus gedacht werden.
3. Rap bietet diverse Ansatzmöglichkeiten.
4. Rap trifft das Interesse von Kindern und Jugendlichen.
5. Pädagogik ist am Wohl des Kindes, des Jugendlichen orientiert.
6. Rapper sind primär keine Pädagogen.
7. Der Künstler abstrahiert von sich selbst.
8. Selbstreflektion als Schlüssel gelungener Kinder- und Jugendarbeit.

Workshopleiter*innen im Bereich Rap sollten bestenfalls eine Art Mischung zwischen einem Pädagogen und einem Rapper sein, damit die Arbeit mit Rap besonders gut gelingt. Natürlich ist es fatal, zu meinen, dass dies eine Grundvoraussetzung sei, um Workshops durchführen zu können. Es ist allerdings, meiner Meinung nach, notwendig, sich als pädagogische Fachkraft tiefgreifend mit der Materie Rap auseinandergesetzt zu haben, bevor man Rap zum pädagogischen Mittel macht. Während meiner Arbeit als Rap-Pädagoge® sind mir immer wieder Rapper begegnet, die von sich aus den pädagogischen Anspruch in der Arbeit mit Kinder- und Jugendgruppen mitbrachten, wie er pädagogischen Fachkräften inne sein sollte. Leider sind diese Rapper nur selten und deshalb in diesem Bereich so besonders wertvoll. Gleichzeitig habe ich auch mit vielen pädagogischen Fachkräften zusammengearbeitet, die sich im Rap sehr gut auskannten, ihre Grenzen klar benennen konnten und nach Möglichkeiten für die eigene Umsetzung vor dem Hintergrund von authentischem Auftreten fragten. Leider gibt es auch hier ganz andere Beispiele und ein kurzer Blick in soziale Medien offenbart Schauderhaftes.

Möchte man nun Voraussetzungen für eine Fachkraft formulieren, damit ein Workshop, ein Seminar oder ein Kurs gut gelingen kann, so könnten diese wie folgt aussehen.

4.1 Handwerkszeug des Rappers

Einsatz von Technik

Hiermit ist nicht der Einsatz von einer Soundanlage oder einem Mikrofon gemeint, sondern die technische Fähigkeit, mit der eigenen Stimme zu rappen. Jeder Rapper benötigt ein fundiertes musikalisch-technisches Verständnis, um den Rap vom Sprechen zu unterscheiden. Der bewusste Einsatz von beispielweise Pausen, rhythmischen Variationen, Betonungen oder Wort- und Reimspielen etc. gehört zu den Grundausstattungen eines jeden Rappers. Nur wer sich dieser technischen Dimension von Rap bewusst ist, kann diese auch vermittelnd weitergeben.

Textinhalt

Mit der Prämisse, dass Rap eine Kunstform ist, welche die eigene Lebenssituation reflektiert, wird der Inhalt eines Rap zu einer gewichtigen Größe. Rapper arbeiten mit diversen Songinhalten und verpacken gleichsam ihre Emotionen in diesen. Die Fähigkeit, Texte unterschiedlicher Couleur zu schreiben und Situationen zu verbalisieren, gehören ebenfalls zum Grundwerkzeug des Rappers. Die Wahrnehmung verschiedener Stimmungen und die textliche Umsetzung derselben ist eine notwendige Voraussetzung zur Erteilung von Workshops.

Textentstehung

Neben dem Inhalt eines Textes ist seine Form ebenso bedeutend für die Güte des Gesamttextes. Um dem Text jedoch eine bestimmte Form geben zu können, erscheint es notwendig, über die Entstehung eines Textes Kenntnis zu haben. Texte lassen sich auf verschiedenste Weise schreiben, und unterschiedliche Personen kreieren ihre Texte auf unterschiedlichen Wegen. Das Wissen um die unterschiedlichen Textentstehungsprozesse gibt dem Rapper die Möglichkeit, für die jeweilige Situation den richtigen Prozess anzulegen und den Text in die entsprechende Form zu bringen.

Performance

Rapper präsentieren ihre Texte. Das geschriebene Wort wird durch die Präsentation interpretiert und emotional ausgewertet. Jeder Rapper hat Live- und/oder Studioerfahrung und kennt das Gefühl der Präsentation.

Szenenbewusstsein

Rapper agieren in einer bestimmten Szene. Dieser sind Sprache, Kleidung, Ausdruck und das Wissen um die Szene (Knowledge) eigen. Die Kenntnis der Szene durch stetigen Konsum neuer Songs und Besuch von Konzerten anderer Rapper ist ein wesentlicher Teil der Zugehörigkeit zur Szene. In Bezug auf die Kinder- und Jugendarbeit wirkt die Kenntnis der Rap-Szene häufig als authentisch.

4.2 Selbstreflektion

Kontextbestimmung

Der*die Anleiter*in eines Workshops sollte sich im Klaren über die eigene Position im Verhältnis zu Rap sein. Hierbei ist entscheidend zu wissen, wie man selbst zu Rap steht, aber auch, welche Kenntnis man über Rap tatsächlich hat. Fehlen beispielsweise viele der oben angeführten Handwerkzeuge des Rap, ist es fraglich, ob ein Workshop Erfolg haben kann. Die eigene Bestimmung im Kontext zu Rap stellt dabei immer auch die Frage nach der Kunstform Rap und inwieweit ich dieser gerecht werden kann.

Positionierung

Der*die Anleiter*in eines Workshops hat einen Bildungsauftrag, sobald er*sie sich in die Kinder- und Jugendarbeit begibt. Eine klare ethische Positionierung zu Themen aller Art ist dabei unabdingbar. Diese Positionierung wird in den Workshops von den Kindern und Jugendlichen immer wieder eingefordert, geht es doch im kreativen Prozess auch darum, sich an anderen Positionen zu reiben. Je klarer der*die Anleiter*in in seinen*ihren eigenen Positionen ist, desto klarer können sich die Kinder und Jugendlichen argumentativ dazu verhalten. Für Rapper bedeutet dies auch, dass sie eine bereits niedergeschriebene Position in vergangenen Texten erklären können müssen.

Abstraktionsvermögen

Zur Reflektion der eigenen Person gehört es auch, sich von sich selbst lösen zu können. In Bezug auf Kinder- und Jugendarbeit ist dies absolut notwendig. Immer wieder muss sich der*die Anleiter*in eines Workshops in Abstraktion zu sich selbst begeben und den Kindern und Jugendlichen den Vorrang in Bezug auf Umsetzung von Wünschen und Gedanken lassen. Das bedeutet jedoch nicht, dass sich der*die Leiter*in nicht argumentativ einbringen darf. Es muss nur klar sein, dass im Zentrum der Arbeit die Kinder und Jugendlichen stehen. Der*die Anleiter*in eines Workshops wird zum helfenden Beistand in der Textkreation und nicht zum Vorschreiber der Texte der Jugendlichen.

4.3 Pädagogischer Ansatz

Klientenzentrierung

Im Fokus aller Arbeit sollen die Kinder und Jugendlichen stehen. Die Workshoparbeit ist keine Plattform für Rapper, um ihren Bekanntheitsgrad zu erhöhen oder sich selbst darzustellen, ebenso ist es keine Plattform für pädagogische Fachkräfte, ihre Jugendnähe oder ihre „Coolness" unter Beweis zu stellen. Der Ausgangspunkt ist der Maximalgewinn für Kinder und Jugendliche.

Konstruktive Perspektive

Da mit einer Kunstform hantiert wird und die Kinder und Jugendlichen angehalten sind, ihre eigene Perspektive und Wahrnehmung auf die Welt zum Ausdruck zu bringen, kann es in diesem Kontext kein Wahr und Falsch geben. Unterschiedliche Perspektiven können allerdings sehr wohl diskutiert werden, jedoch immer mit dem Anspruch, das Gegenüber ernst zu nehmen und Perspektiven verstehen zu wollen. Hierbei wird der Umgang mit den Kindern und Jugendlichen und der Anspruch an sich selbst zur Lehre einer wünschenswerten Umgangsform in einer freien, demokratischen Gesellschaftsstruktur.

Wertschätzung

Mit der konstruktivistischen Perspektive geht die Wertschätzung des Gegenübers einher. Immer wieder sollte den Kindern und Jugendlichen aufgezeigt werden, was sie, im Rahmen des Workshops, alles erreicht haben. Den meisten Kindern und Jugendlichen ist nicht klar, welche kreative, strukturelle, künstlerische Arbeit sie leisten, weshalb der Blick der Anleiter*in eines Workshops in diese Richtung geschärft werden und die Erkenntnisse mit den Kinder und Jugendlichen geteilt werden sollte.

Flache Hierarchien

Je wohler sich die Kinder und Jugendlichen fühlen, umso leichter wird es für sie, sich dem kreativen Prozess zu öffnen und selbst kreativ zu werden. Dieses Wohlfühlen kann der*die Anleiter*in eines Workshops wesentlich mittragen, indem er den Kindern und Jugendlichen auf Augenhöhe begegnet, ihre Gefühle wahrnimmt und ihnen Raum gibt, diese zu entfalten. Gerade bei einer so sensiblen Gruppenaktivität schwingen viele Gefühle der Unsicherheit mit, die der*die Anleiter*in eines Workshops erkennen und in konstruktive Ermutigung übersetzen muss.

Struktur

Der*die Anleiter*in eines Workshops sollte einen klaren Ablaufplan haben, um sich strukturiert durch den Workshop zu bewegen. Je klarer der Ablauf ist, umso leichter ist es für die Kinder und Jugendlichen, sich auf den Workshop einzulassen. Je genauer die einzelnen Schritte aufeinander aufbauen, umso größer ist die Wahrscheinlichkeit, dass ein Workshop gelingt. Einen klaren und strukturierten, exemplarischen Ablaufplan stellt Teil II meines Buches dar.

4.4 Didaktik

Klare Sprache und Vermittlung

Da der*die Anleiter*in eines Workshops meistens mit Gruppen arbeiten wird, ist eine klare Sprache von Vorteil. Das bedeutet, dass sich der*die Anleiter*in über seine*ihre Übungen und Wünsche im Klaren sein muss, um diese präzise anleiten zu können. Je klarer sich die anleitende Person und je klarer ihr selbst der Ablauf des Workshops ist, umso klarer wird ihre Sprache und umso weniger muss sie nachträglich korrigieren.

Differenzierung

In jeder Gruppe gibt es Kinder und Jugendliche, die mit mehr Interesse oder mehr Erfahrung und Wissen in der Gruppe sind als andere. Der*die Anleiter*in eines Workshops muss dies differenzieren können und versuchen, alle gleichermaßen in dem Workshop zu fördern und zu fordern. Der Blick für den Einzelnen ist ebenso wichtig wie der Blick für die gesamte Gruppe. In Teil II finden Sie Übungen, die darauf abgestellt sind, alle Teilnehmer*innen gleichermaßen zu beschäftigen.

Flexibilität

Die Bereitschaft, vom eigenen Plan abzurücken, zum Wohle der Kinder und Jugendlichen, gehört zum Geschick des*der Anleiter*in eines Workshops. Sollten die Gruppe signalisieren, dass eine Übung nicht geht oder ein Theorieteil zu lange dauert, sollte der*die Anleiter*in darauf reagieren. Wie in 4.3 geschrieben, ist der Fokus der Übung die Gruppe.

Evaluation

Die Evaluation bietet dem*der Anleiter*in eines Workshops die Möglichkeit, eine Außenperspektive und Wahrnehmung auf die eigenen Arbeit zu bekommen. Hierdurch ist eine Selbstreflektion erleichtert, und einer nicht wahrgenommenen Gruppenstimmung kann besser begegnet werden. Gleichzeitig hilft die Evaluation auch dabei, sich positiv bestärken zu lassen und in der Workshoparbeit sicherer zu werden.

Schlusswort

Für mich, als Pädagoge und Rapper, ist die Personalfrage eine sehr wichtige. Als Deutschlands einziger Rap-Pädagoge® liegt mein Blick besonders auf einer qualitativen Rap-Pädagogik, die davon geprägt ist, dass echte pädagogische Arbeit und echter Rap ineinanderfließen und die Arbeit bestimmen. Meine Erfahrung zeigt jedoch, dass sich diese Verbindung nur sehr selten finden lässt. Häufig sehe ich Pädagog*innen, die sich des Rap bedienen und der Meinung sind, sie rappten, obwohl sie nur rhythmisch sprechen. Die Anfrage an Suchmaschinen für Rap und Pädagogik fördert Erschreckendes zutage. Kinder, die von Ihren Lehrer*innen mit Wollmützen und Sonnenbrillen ausgestattet werden und auf bekannte Beats von Rappern gekünstelte Texte sprechen. Pädagogen*innen, die vermeintlich rappen und über rhythmisches Sprechen chemische Formeln oder historische Ereignisse einsprechen. Dass Rap eine Kunstform ist und sich als solche offenbaren muss, ist die Aufgabe von allen Akteuren des Rap. Insbesondere müssen wir den pädagogischen Fachkräften aufzeigen, worin der künstlerische Anspruch von Rap liegt und wie er sich von einem pädagogisierten Rap unterscheidet. Hier haben wir Rapper noch eine große Aufgabe vor uns.

Gleichzeitig habe ich Erfahrungen mit Rappern gemacht, die sich zum Untertan der eigenen Eitelkeit machten. Während des Workshops wurde um Lob für die eigenen Fähigkeiten gebettelt. Ein Feedback wurde nicht selbstkritisch, sondern selbstlobend angelegt, ganze Textpassagen für die Kinder und Jugendlichen geschrieben. Echte pädagogische Arbeit bedeutet allerdings immer, vom Kind und Jugendlichen aus zu denken und künstlerische Vorgehensweisen auf die Kinder und Jugendlichen zu übertragen oder herunterzubrechen.

Eine der großen Herausforderungen für mein Projekt ist es, Personal zu finden, das beide Eigenschaften eint. Ich möchte auch deutlich unterstreichen, dass Rap als Kunstform – als authentische Kunstform – vor der Pädagogisierung des Rap geschützt werden muss und möchte alle pädagogischen Fachkräfte dazu ermutigen, Rap in seiner Eigenart leben zu lassen und mit dem Bewusstsein der eigenen Fähigkeiten und Grenzen einzusetzen. Rap ist nur Rap, wenn man rappt. So einfach dieser Satz auch klingen mag, ist er für die Pädagogik von entscheidender Bedeutung. Möchten Sie mit Kindern rappen, so gelingt dies nur, wenn Sie tatsächlich rappen. Rap zu erlernen, ist jedoch eine große Herausforderung, derer Sie sich bewusst sein sollten. Rappende Pädagogen sind zurzeit noch selten. Gerade deswegen ist es umso wichtiger, den Qualitätsstandard der Rap-Pädagogik hoch zu halten.

Als ich anfing, Sozialarbeit zu studieren, war es mein Wunsch, Kinder und Jugendlichen in ihrer Entwicklung zu unterstützen und ihnen in schweren

Lebensabschnitten zur Seite zu stehen. Als ich anfing, Rap in die Sozialarbeit einzubringen, ging dies von der Wahrnehmung aus, dass sich die Kinder und Jugendlichen an ihrem Interesse, ihrer Weltsicht und ihrer Interpretation der Welt entwickeln und ich ihnen zur Seite stehen konnte. Fokus meiner pädagogischen und rap-pädagogischen Arbeit waren und sind die Kinder und Jugendlichen, die von diesem Ansatz profitieren sollen.

Ich hoffe, dass mein Buch pädagogische Fachkräfte motiviert, Rap einzusetzen, und ihnen Methoden an die Hand gibt, in denen sie sich authentisch mit Rap auf die Kinder und Jugendlichen zubewegen können. Ich hoffe allerdings auch, dass der Respekt vor der Kunstform durch dieses Buch wächst.

Ich hoffe, dass mein Buch Rapper motiviert, Rap pädagogisch einzusetzen und ihnen Methoden an die Hand gibt, die pädagogischen Ziele eines Rap für die Kinder und Jugendlichen gewinnbringend einzusetzen. Ich hoffe allerdings auch, dass der Respekt vor der pädagogischen Arbeit durch dieses Buch wächst.

Denn letztlich gilt: Es geht um den Gewinn, den die Kinder und Jugendlichen aus den Workshops und der Arbeit mit Rap ziehen und nur unwesentlich um Sie.

Literaturverzeichnis

Cramer, A. (1998): Das Buch von der Stimme, Zürich.

Dartsch, M. (2014): Musik lernen – Musik unterrichten, Wießbaden.

Dufresne, D. (1991): Yo! Rap Revolution, Paris.

Farthing, S. (2012): Kunst, Die ganze Geschichte, 2. Auflage, Köln.

Gutberlet, M. (2013): Schülerzentrierter Unterricht im Sinne von Carl Roger: Zwei Lehrer führen durch ein Lern-Land der anderen Art, In: Gesprächspsychotherapie und Personenzentrierte Beratung, Köln.

Hey, J. (2004), Der kleine Hey, Die Kunst des Sprechens, 51. Auflage, Mainz.

Hirler, S. (2009): Sprachförderung durch Rhythmik und Musik, Freiburg im Breisgau.

Hofmann, G. (2012): Musik & Gewalt, Augsburg.

Kage, J. (2004): American Rap, US-HipHop und Identität, 2. Auflage, Mainz.

Kaya, A. (2007): Express Yourself! – Europas Kreativität zwischen Markt und Underground, (HG) mit Kimminich, E., Geuen, H., Rappe, M., Bielefeld, S. 117–136.

Kia, R./Schulze-Schindler, R. (2005): Sonne, Mond und Stimme, 6. Auflage, Bielefeld.

Klein, G./Friedrich, M. (2003): Is this real? Die Kultur des HipHop, Frankfurt a. Main.

Kulkarni, N. (2005): HipHop: Tribute; Die Story der großen Sprechgesänge, Schlüchtern.

Loh, H. (2010): Rap@school, Grundlagen für die pädagogische Arbeit mit HipHop, Berlin.

Loh, H./Verlan, S. (2000): Arbeitsbuch Hip Hop, Mühlheim an der Ruhr.

Loh, H./Verlan, S. (2015): 35 Jahre HipHop in Deutschland, Höfen.

Margit, S. (2017): Allgemeine Pädagogik, München.

Peschke, A. (2010): HipHop in Deutschland, Analyse einer Jugendkultur aus pädagogischer Perspektive, Hamburg.

Ribolits, E./Zuber, J. (2004): Pädagogisierung – Die Kunst, Menschen mittels Lernen dümmer zu machen!, In: Schulheft 116/2004, Innsbruck.

Rose, T. (1997): Ein Stil, mit dem keiner klar kommt. HipHop in der postindustriellen Stadt. In: SPoKK, S. 142–156.

Schröer, S. (2013): HipHop als Jugendkultur?, Berlin.

Ulfig, A. (1997): Lexikon der philosophischen Begriffe, Köln.

Wittgenstein, L. (2003): Logisch-philosophische Abhandlung, Frankfurt a. Main.